Édition bilingue
RUSSE-FRANÇAIS
avec lecture audio intégrée

Pour écouter la lecture de ce livre
dans sa version russe ou dans sa traduction française
scannez le code en début de chapitre
avec votre téléphone portable, tablette,
et même votre webcam via le site HTTPS://WEBQR.COM

Nouvelle
Littérature russe

Titre original :
Маленький герой

Traduction française :
Ely Halpérine-Kaminsky

Lecture en russe :
Sergueï Kilesenko

Lecture en français :
Alain Bernard

ISBN : 978-2-37808-030-3
© L'Accolade Éditions, 2019

FIODOR DOSTOIEVSKI

Le Petit Héros

Было мне тогда без малого одиннадцать лет. В июле отпустили меня гостить в подмосковную деревню, к моему родственнику, Т — ву, к которому в то время съехалось человек пятьдесят, а может быть и больше, гостей... не помню, не сосчитал.

Было шумно и весело. Казалось, что это был праздник, который с тем и начался, чтоб никогда не кончиться. Казалось, наш хозяин дал себе слово как можно скорее промотать всё свое огромное состояние, и ему удалось-таки недавно оправдать эту догадку, то есть промотать всё, дотла, дочиста, до последней щепки. Поминутно наезжали новые гости, Москва же была в двух шагах, на виду, так что уезжавшие только уступали место другим, а праздник шел своим чередом. Увеселения сменялись одни другими, и затеям конца не предвиделось. То верховая езда по окрестностям, целыми партиями, то прогулки в бор или по реке; пикники, обеды в поле; ужины на большой террасе дома, обставленной тремя рядами драгоценных цветов, заливавших ароматами свежий ночной воздух, при блестящем освещении, от которого наши дамы, и без того почти все до одной хорошенькие,

Je n'avais pas encore onze ans, lorsqu'au mois de juillet on m'envoya passer quelque temps aux environs de Moscou, dans une terre appartenant à un de mes parents, M. T***, qui continuellement réunissait alors chez lui une cinquantaine d'invités, peut-être même davantage ; car, je dois le dire, ces souvenirs sont lointains !

Tout y était gai et animé ; c'était une fête perpétuelle. Notre hôte paraissait s'être juré de dissiper le plus vite possible son immense fortune ; et, en effet, il réussit rapidement à résoudre ce problème : il jeta si bien l'argent par les fenêtres, que bientôt il n'en resta plus vestige. À chaque instant arrivaient de nouveaux hôtes : on était là tout près de Moscou, que l'on voyait à l'horizon, de sorte que ceux qui partaient cédaient la place à de nouveaux venus, et la fête continuait toujours. Les divertissements se suivaient sans interruption, et l'on n'en voyait pas la fin : parties de cheval dans les environs, excursions dans la forêt et promenades en bateau sur la rivière ; festins, dîners champêtres, soupers sur la grande terrasse bordée de trois rangées de fleurs rares, qui répandaient leurs parfums dans l'air frais de la nuit. Les femmes, presque toutes jolies,

казались еще прелестнее с их одушевленными от дневных впечатлений лицами, с их сверкавшими глазками, с их перекрестною резвою речью, переливавшеюся звонким как колокольчик смехом; танцы, музыка, пение; если хмурилось небо, сочинялись живые картины, шарады, пословицы; устраивался домашний театр. Явились краснобаи, рассказчики, бонмотисты.

Разумеется, злословие, сплетни шли своим чередом, так как без них и свет не стоит, и миллионы особ перемерли бы от тоски как мухи. Но так как мне было одиннадцать лет, то я и не замечал тогда этих особ, отвлеченный совсем другим, а если и заметил что, так не всё. После уже кое-что пришлось вспомнить. Только одна блестящая, сторона картины могла броситься в мои детские глаза, и это всеобщее одушевление, блеск, шум — всё это, доселе невиданное и неслыханное мною, так поразило меня, что я в первые дни совсем растерялся и маленькая голова моя закружилась.

Но я всё говорю про свои одиннадцать лет, и, конечно, я был ребенок, не более как ребенок. Многие из этих прекрасных женщин, лаская меня, еще не думали справляться с моими годами. Но — странное дело! — какое-то непонятное мне самому ощущение уже овладело мною; что-то шелестило уже по моему сердцу, до сих пор незнакомое; и неведомое ему;

semblaient, à la lueur d'une illumination féerique, encore plus belles, avec leurs yeux étincelants et le visage animé par les impressions du jour. Les conversations se croisaient, vivement interrompues par de sonores éclats de rire ; puis c'étaient des danses, des chants, de la musique ; si le ciel s'obscurcissait, on organisait des tableaux vivants, des charades, des proverbes, des spectacles ; il y avait aussi des beaux parleurs, des conteurs, des faiseurs de bons mots.

Certes, tout cela ne se passait pas sans médisances et sans commérages, car autrement le monde ne saurait exister, et des millions de personnes mourraient d'ennui. Mais comme je n'avais que onze ans, je n'y prêtais aucune attention, absorbé que j'étais par mes propres idées ; et d'ailleurs, si j'avais remarqué quelque chose, je n'aurais pu m'en rendre compte, tellement j'étais ébloui par le côté brillant du tableau qui frappait mes yeux d'enfant ; ce n'est que plus tard que tout m'est revenu par hasard à la mémoire, et que j'ai compris ce que j'avais vu et entendu à cette époque. Quoi qu'il en soit, cet éclat, cette animation, ce bruit que j'avais ignoré jusque-là, m'impressionnèrent d'une telle manière que les premiers jours je me sentis comme perdu et que j'eus le vertige.

Je parle toujours de mes onze ans, c'est qu'en effet j'étais un enfant, rien qu'un enfant. Parmi les jeunes femmes, plusieurs me caressaient volontiers, mais ne songeaient guère à s'informer de mon âge ; cependant, – chose étrange ! – un sentiment, que j'ignorais encore, s'était emparé de moi, et quelque chose s'agitait vaguement dans mon cœur.

но отчего оно подчас горело и билось, будто испуганное, и часто неожиданным румянцем обливалось лицо мое. Порой мне как-то стыдно и даже обидно было за разные детские мои привилегии. Другой раз как будто удивление одолевало меня, и я уходил куда-нибудь, где бы не могли меня видеть, как будто для того, чтоб перевести дух и что-то припомнить, что-то такое, что до сих пор, казалось мне, я очень хорошо помнил и про что теперь вдруг позабыл, но без чего, однако ж, мне покуда нельзя показаться и никак нельзя быть.

То, наконец, казалось мне, что я что-то затаил от всех, но ни за что и никому не сказывал об этом, затем что стыдно мне, маленькому человеку, до слез.

Скоро среди вихря, меня окружавшего, почувствовал я какое-то одиночество. Тут были и другие дети, но все — или гораздо моложе, или гораздо старше меня; да, впрочем, не до них было мне.

Конечно, ничего б и не случилось со мною, если б я не был в исключительном положении. На глаза всех этих прекрасных дам, я всё еще был то же маленькое, неопределенное существо, которое они подчас любили ласкать и с которым им можно было играть как с маленькой куклой. Особенно одна из них, очаровательная блондинка, с пышными, густейшими волосами, каких я никогда потом не видел и, верно, никогда не увижу, казалось, поклялась не давать мне покоя.

Pourquoi ce cœur battait-il si fort par moments, et pourquoi mon visage se couvrait-il de subites rougeurs ? Tantôt je me sentais confus et comme humilié de mes privilèges d'enfant ; tantôt j'étais envahi par une sorte d'étonnement et j'allais me cacher là où personne ne pouvait me trouver. Je cherchais alors à reprendre haleine ; j'étais hanté par un vague ressouvenir qui m'échappait soudain, sans lequel je me figurais pourtant que je ne pouvais me montrer et dont il m'était impossible de me passer.

Tantôt il me semblait que je me dissimulais à moi-même quelque chose que je n'aurais jamais révélé à personne, et moi, petit homme, je me sentais parfois des mouvements de honte au point d'en verser des larmes.

Bientôt je me trouvai isolé dans le tourbillon qui m'entourait. Parmi nous il y avait d'autres enfants ; mais tous étaient beaucoup plus jeunes ou beaucoup plus âgés que moi, et je ne me souciais pas d'eux.

Rien ne me fût arrivé, pourtant, s'il ne s'était produit une circonstance exceptionnelle. Pour ces belles dames, je n'étais qu'un petit être insignifiant qu'elles aimaient à combler de caresses, et avec lequel elles pouvaient jouer à la poupée. L'une d'elles, surtout, une ravissante jeune femme blonde, ayant une épaisse et magnifique chevelure, comme je n'en avais jamais vu, et comme je n'en rencontrerai certainement plus jamais de pareille, semblait s'être juré de ne pas me laisser tranquille.

Меня смущал, а ее веселил смех, раздававшийся кругом нас, который она поминутно вызывала своими резкими, взбалмошными выходками со мною, что, видно, доставляло ей огромное наслаждение.

В пансионах, между подругами, ее наверное прозвали бы школьницей. Она была чудно хороша, и что-то было в ее красоте, что так и металось в глаза с первого взгляда. И, уж конечно, она непохожа была на тех маленьких стыдливеньких блондиночек, беленьких, как пушок, и нежных, как белые мышки или пасторские дочки. Ростом она была невысока и немного полна, но с нежными, тонкими линиями лица, очаровательно нарисованными. Что-то как молния сверкающее было в этом лице, да и вся она — как огонь, живая, быстрая, легкая. Из ее больших открытых глаз будто искры сыпались; они сверкали, как алмазы, и никогда я не променяю таких голубых искрометных глаз ни на какие черные, будь они чернее самого черного андалузского взгляда, да и блондинка моя, право, стоила той знаменитой брюнетки, которую воспел один известный и прекрасный поэт и который еще в таких превосходных стихах поклялся всей Кастилией, что готов переломать себе кости, если позволят ему только кончиком пальца прикоснуться к мантилье его красавицы. Прибавь к тому, что моя красавица была самая веселая из всех красавиц в мире, самая взбалмошная хохотунья, резвая как ребенок, несмотря на то что лет пять как была уже замужем.

Elle s'amusait, tandis que moi j'en étais tout troublé, à provoquer l'hilarité générale, à chaque instant, par de brusques folies dont j'étais la victime, ce qui lui causait une grande joie.

En pension, ses compagnes l'eussent traitée de vraie gamine. Elle était merveilleusement belle ; il y avait je ne sais quoi en elle qui saisissait immédiatement. Elle ne ressemblait sous aucun rapport à ces modestes petites blondes, douces comme un duvet et délicates comme de jeunes souris blanches ou comme des filles de pasteur. Elle était petite et grassouillette, mais son visage, modelé à ravir, était du dessin le plus délicat et le plus fin. Comme le feu, elle était vive, rapide et légère. Parfois le reflet d'un éclair passait sur son visage ; ses grands yeux francs, brillants comme des diamants, lançaient alors des étincelles ; je n'aurais jamais échangé de pareils yeux bleus contre des yeux noirs, fussent-ils plus noirs que ceux d'une Andalouse ; vrai Dieu ! ma blonde valait bien certaine brune, chantée jadis par un grand poète qui avait juré en vers excellents être prêt à se faire rompre les os pour toucher seulement du doigt le bout de sa mantille. Ajoutez que ma belle était la plus gaie de toutes les belles du monde, la plus folle des rieuses, et alerte comme une enfant, malgré ses cinq ans de mariage.

Смех не сходил с ее губ, свежих, как свежа утренняя роза, только что успевшая раскрыть, с первым лучом солнца, свою алую, ароматную почку, на которой еще не обсохли холодные крупные капли росы.

Помню, что на второй день моего приезда был устроен домашний театр. Зала была, как говорится, набита битком; не было ни одного места свободного; а так как мне привелось почему-то опоздать, то я и принужден был наслаждаться спектаклем стоя. Но веселая игра всё более и более тянула меня вперед, и я незаметно пробрался до самых первых рядов, где и стал наконец, облокотясь на спинку кресел, в которых сидела одна дама. Это была моя блондинка; но мы еще знакомы не были. И вот, как-то невзначай, засмотрелся я на ее чудно-округленные, соблазнительные плечи, полные, белые, как молочный кипень, хотя мне решительно всё равно было смотреть: на чудесные женские плечи или на чепец с огненными лентами, скрывавший седины одной почтенной дамы в первом ряду. Возле блондинки сидела перезрелая дева, одна из тех, которые, как случалось мне потом замечать, вечно ютятся где-нибудь как можно поближе к молоденьким и хорошеньким женщинам, выбирая таких, которые не любят гонять от себя молодежь. Но не в том дело; только эта дева подметила мои наблюдения, нагнулась к соседке и, хихикая, пошептала ей что-то на ухо. Соседка вдруг обернулась, и помню, что огневые глаза ее так сверкнули на меня в полусумраке, что я, не приготовленный к встрече, вздрогнул, как будто обжегшись. Красавица улыбнулась.

Le rire ne quittait pas ses lèvres, fraîches comme une rose qui aurait à peine entrouvert, aux premiers rayons du soleil, ses pétales rouges et parfumés, et garderait encore les grosses gouttes de la rosée matinale.

Le deuxième jour de mon arrivée on avait, il m'en souvient, organisé un spectacle. La salle était pleine ; plus un siège n'était vacant ; venu très-tard, je dus rester debout. Mais le vif intérêt que je prenais au spectacle m'attira vers la rampe, et, sans m'en apercevoir, j'arrivai aux premiers rangs. Là je m'arrêtai et m'appuyai au dossier d'un fauteuil. Une dame y était assise : c'était ma blonde, mais nous n'avions pas encore fait connaissance. Voilà qu'involontairement je me mis à regarder ses séduisantes épaules, blanches et potelées, bien qu'à vrai dire il me fût aussi indifférent de contempler de belles épaules de femme que d'admirer le bonnet à rubans rouges posé sur les cheveux gris d'une respectable dame assise au premier rang. À côté de ma belle blonde se trouvait une vieille fille, une de celles, comme j'ai eu depuis l'occasion de le remarquer, qui se réfugient toujours auprès des plus jeunes et plus jolies femmes, et choisissent surtout celles qui aiment à être entourées de jeunes gens. Mais peu importe : là n'est point l'affaire. Aussitôt qu'elle eut remarqué mes regards indiscrets, elle se pencha vers sa voisine et avec un rire moqueur lui lança quelques mots à l'oreille ; celle-ci se retourna vivement. Je vois encore les éclairs que ses yeux ardents lancèrent de mon côté ; moi, qui ne m'y attendais guère, je frissonnai, comme au contact d'une brûlure. La belle sourit.

— Нравится вам, что играют? — спросила она, лукаво и насмешливо посмотрев мне в глаза.

— Да, — отвечал я, всё еще смотря на нее в каком-то удивлении, которое ей в свою очередь, видимо, нравилось.

— А зачем же вы стоите? Так — устанете; разве вам места нет?

— То-то и есть, что нет, — отвечал я, на этот раз более занятый заботой, чем искрометными глазами красавицы, и пресерьезно обрадовавшись, что нашлось наконец доброе сердце, которому можно открыть свое горе. — Я уж искал, да все стулья заняты, — прибавил я, как будто жалуясь ей на то, что все стулья заняты.

— Ступай сюда, — живо заговорила она, скорая на все решения так же, как и на всякую сумасбродную идею, какая бы ни мелькнула в взбалмошной ее голове, — ступай сюда, ко мне, и садись мне на колени.

— На колени?.. — повторил я, озадаченный.

Я уже сказал, что мои привилегии серьезно начали меня обижать и совестить. Эта, будто на смех, не в пример другим далеко заходила. К тому же я, и без того всегда робкий и стыдливый мальчик, теперь как-то особенно начал робеть перед женщинами и потому ужасно сконфузился.

— Ну да, на колени! Отчего же ты не хочешь сесть ко мне на колени? — настаивала она, начиная смеяться всё сильнее и сильнее, так что наконец просто принялась хохотать бог знает чему, может быть, своей же выдумке или обрадовавшись, что я так сконфузился. Но ей того-то и нужно было.

— Cette comédie est-elle de votre goût ? me demanda-t-elle en me regardant fixement d'un air railleur et malicieux.

— Oui, répondis-je, la contemplant toujours avec une sorte d'étonnement qui semblait lui plaire.

— Pourquoi restez-vous debout ? Vous allez vous fatiguer ; est-ce qu'il n'y a plus de place pour vous ?

— C'est que précisément il n'y en a plus, lui répondis-je, plus soucieux alors de me tirer d'embarras que préoccupé de son regard étincelant. — J'étais tout uniment content d'avoir enfin trouvé un bon cœur auquel je pouvais faire part de ma peine. — J'ai déjà cherché, mais toutes les chaises sont prises, ajoutai-je, comme pour me plaindre de cet ennui.

— Viens ici, dit-elle vivement, aussi prompte à prendre son parti qu'à exécuter toute bizarre idée qui traversait sa tête folle ; viens ici sur mes genoux !

— Sur vos genoux ?... répétai-je stupéfait.

Je viens de dire que mes privilèges d'enfant me faisaient honte et commençaient à m'offusquer. Cette proposition, par sa raillerie, me sembla monstrueuse ; d'autant plus que, de tout temps timide et réservé, je l'étais devenu encore davantage auprès des femmes. Je me sentis donc complètement interdit.

— Mais oui, sur mes genoux ! Pourquoi ne veux-tu pas t'asseoir sur mes genoux ?

Et en insistant elle riait de plus belle et finit par éclater bruyamment. Était-ce sa propre plaisanterie, ou bien mon air penaud qui provoquait sa gaieté ? Dieu le sait !

Я покраснел и в смущении осматривался кругом, приискивая — куда бы уйти; но она уже предупредила меня, как-то успев поймать мою руку, именно для того, чтоб я не ушел, и, притянув ее к себе, вдруг, совсем неожиданно, к величайшему моему удивлению, пребольно сжала ее в своих шаловливых, горячих пальчиках и начала ломать мои пальцы, но так больно, что я напрягал все усилия, чтоб не закричать, и при этом делал пресмешные гримасы. Кроме того, я был в ужаснейшем удивлении, недоумении, ужасе даже, узнав, что есть такие смешные и злые дамы, которые говорят с мальчиками про такие пустяки да еще больно так щиплются, бог знает за что и при всех.

Вероятно, мое несчастное лицо отражало все мои недоумения, потому что шалунья хохотала мне в глаза как безумная, а между тем всё сильнее и сильнее щипала и ломала мой бедные пальцы. Она была вне себя от восторга, что удалось-таки нашкольничать, сконфузить бедного мальчика и замистифировать его в прах. Положение мое было отчаянное. Во-первых, я горел от стыда, потому что почти все кругом нас оборотились к нам, одни в недоумении, другие со смехом, сразу поняв, что красавица что-нибудь напроказила. Кроме того, мне страх как хотелось кричать, потому что она ломала мои пальцы с каким-то ожесточением, именно за то, что я не кричу: а я, как спартанец, решился выдерживать боль, боясь наделать криком суматоху, после которой уж не знаю, что бы сталось со мною.

Je devins pourpre, et tout troublé je cherchai à me sauver ; mais elle me prévint en me saisissant par le bras pour m'en empêcher, et, à mon grand étonnement, m'attirant à elle, elle me serra la main douloureusement ; ses doigts brûlants brisèrent mes doigts et me causèrent une telle souffrance que, tout en grimaçant de douleur, je faisais tout mon possible pour étouffer les cris prêts à m'échapper. En outre, j'étais extrêmement surpris, épouvanté même, en apprenant qu'il peut exister de ces femmes méchantes capables de dire de telles sottises aux jeunes garçons et de les pincer aussi cruellement et sans motif devant tout le monde.

Mon visage devait exprimer ma détresse, car l'espiègle me riait au nez comme une folle, tout en continuant de pincer et de meurtrir mes pauvres doigts. Elle était enchantée d'avoir réussi à mystifier et à rendre confus un malheureux garçon comme moi. Ma position était lamentable : d'abord je me sentais pris de confusion, car tout le monde s'était tourné de notre côté, les uns jetant un œil interrogateur, les autres riant et devinant bien que la belle jeune femme avait fait quelque étourderie ; de plus, j'avais une violente envie de crier, car, me voyant rester sans voix, elle me serrait les doigts avec d'autant plus d'obstination ; mais j'étais résolu à supporter ma douleur en Spartiate, dans la crainte de faire un scandale après lequel je n'aurais plus su que devenir.

В припадке совершенного отчаяния начал я наконец борьбу и принялся из всех сил тянуть к себе свою собственную руку, но тиранка моя была гораздо меня сильнее. Наконец я не выдержал, вскрикнул, — того только и ждала! Мигом она бросила меня и отвернулась, как ни в чем не бывала, как будто и не она напроказила, а кто другой, ну точь-в-точь какой-нибудь школьник, который, чуть отвернулся учитель, уже успел напроказить где-нибудь по соседству, щипнуть какого-нибудь крошечного, слабосильного мальчика, дать ему щелчка, пинка, подтолкнуть ему локоть и мигом опять повернуться, поправиться, уткнувшись в книгу, начать долбить свой урок и, таким образом, оставить разгневанного господина учителя, бросившегося, подобно ястребу, на шум, — с предлинным и неожиданным носом.

Но, к моему счастью, общее внимание увлечено было в эту минуту мастерской игрой нашего хозяина, который исполнял в игравшейся пьеске, какой-то скрибовской комедии, главную роль. Все зааплодировали; я, под шумок, скользнул из ряда и забежал на самый конец залы, в противоположный угол, откуда, притаясь за колонной, с ужасом смотрел туда, где сидела коварная красавица. Она всё еще хохотала, закрыв платком свои губки. И долго еще она оборачивалась назад, выглядывая меня по всем углам, — вероятно, очень жалея, что так скоро кончилась наша сумасбродная схватка, и придумывая, как бы еще что-нибудь напроказить.

Dans un accès de désespoir j'essayai de dégager ma main ; mais mon tyran était plus fort que moi. Enfin, à bout de courage, je poussai un gémissement. C'est ce qu'elle attendait ! Aussitôt elle me lâcha et se retourna, comme si rien ne se fût passé et comme si ce n'était pas elle qui m'eût joué ce mauvais tour. On eût dit un écolier qui, lorsque le maître a les yeux tournés, prend le temps de faire quelque niche à son voisin, de pincer un camarade, petit et faible, de lui donner une chiquenaude, un coup de pied, de le pousser du coude, et de se remettre en place, le regard fixé sur son livre, en répétant sa leçon, – le tout en un clin d'œil, – pour faire ensuite un pied de nez au maître irrité qui s'est élancé, vautour sur sa proie, du côté où il entendait du bruit.

Fort heureusement, l'attention générale fut en ce moment attirée sur la scène par le maître de la maison, qui jouait avec un réel talent le principal rôle d'une comédie de Scribe. On applaudit chaleureusement ; profitant du bruit, je me glissai hors des rangs et me sauvai à l'autre extrémité de la salle. Me réfugiant alors derrière une colonne, je regardai, saisi d'effroi, la chaise occupée par la belle malicieuse. Elle riait toujours, tenant son mouchoir sur sa bouche. Longtemps elle se retourna, scrutant de l'œil tous les coins ; elle semblait regretter que notre lutte enfantine fût sitôt terminée, et méditait, à coup sûr, quelque nouveau tour de sa façon.

Этим началось наше знакомство, и с этого вечера она уже не отставала от меня ни на шаг. Она преследовала меня без меры и совести, сделалась гонительницей, тиранкой моей. Весь комизм ее проделок со мной заключался в том, что она сказалась влюбленною в меня по уши и резала меня при всех. Разумеется, мне, прямому дикарю, всё это до слез было тяжело и досадно, так что я уже несколько раз был в таком серьезном и критическом положении, что готов был подраться с моей коварной обожательницей. Мое наивное смущение, моя отчаянная тоска как будто окрыляли ее преследовать меня до конца. Она не знала жалости, а я не знал — куда от нее деваться. Смех, раздававшийся кругом нас и который она умела-таки вызвать, только поджигал ее на новые шалости.

Но стали наконец находить ее шутки немного слишком далекими. Да и вправду, как пришлось теперь вспомнить, она уже чересчур позволяла себе с таким ребенком, как я.

Но уж такой был характер: была она, по всей форме, баловница. Я слышал потом, что избаловал ее всего более ее же собственный муж, очень толстенький, очень невысокий и очень красный человек, очень богатый и очень деловой, по крайней мере с виду: вертлявый, хлопотливый, он двух часов не мог прожить на одном месте. Каждый день ездил он от нас в Москву, иногда по два раза, и всё, как сам уверял, по делам. Веселее и добродушнее, этой комической и между тем всегда порядочной физиономии трудно было сыскать.

C'est ainsi que nous fîmes connaissance, et à partir de ce soir elle ne me quitta plus d'un pas. Elle me poursuivit dès lors sans trêve ni merci, et devint ma persécutrice et mon tyran. Ses espiègleries avaient ce côté comique qu'elle paraissait s'être éprise de moi, et par cela même elles me blessaient d'autant plus vivement. Vrai sauvage, j'en ressentais une impression plus douloureuse. Par moments, ma position devenait à ce point critique, que je me sentais capable de battre ma malicieuse adoratrice. Ma timidité naïve, mes angoisses semblaient l'exciter à m'attaquer sans pitié ; et je ne savais où trouver un refuge. Les rires qu'elle savait toujours soulever et qui retentissaient autour de nous la poussaient sans cesse à de nouvelles espiègleries.

Enfin on commença à trouver que ses plaisanteries dépassaient les bornes. Et en effet, autant que je puis m'en rendre compte à présent, elle prenait vraiment plus de liberté qu'il ne convient avec un garçon de mon âge.

Mais son caractère était ainsi fait. C'était une enfant gâtée sous tous les rapports, et surtout, comme je l'ai entendu dire ensuite, gâtée par son mari, un petit homme, gros et vermeil, très-riche, très-affairé en apparence, d'un caractère mobile et inquiet, ne pouvant rester deux heures au même endroit. Chaque jour il nous quittait pour aller à Moscou ; il lui arrivait même de s'y rendre deux fois par jour, en nous assurant que c'était pour affaires. Il était difficile de trouver quelqu'un de meilleure humeur, de plus cordial, de plus comique, et en même temps de plus comme il faut que lui.

Он мало того, что любил жену до слабости, до жалости, — он просто поклонялся ей как идолу. Он не стеснял ее ни в чем. Друзей и подруг у ней было множество. Во-первых, ее мало кто не любил, а во-вторых — ветреница и сама была не слишком разборчива в выборе друзей своих, хотя в основе ее характера было гораздо более серьезного, чем сколько можно предположить, судя по тому, что я теперь рассказал.

Но из всех подруг своих она всех больше любила и отличала одну молодую даму, свою дальнюю родственницу, которая теперь тоже была в нашем обществе. Между ними была какая-то нежная, утонченная связь, одна из тех связей, которые зарождаются иногда при встрече двух характеров, часто совершенно противоположных друг другу, но из которых один и строже, и глубже, и чище другого, тогда как другой, с высоким смирением и с благородным чувством самооценки, любовно подчиняется ему, почувствовав всё превосходство его над собою и, как счастье, заключает в сердце своем его дружбу. Тогда-то начинается эта нежная и благородная утонченность в отношениях таких характеров: любовь и снисхождение до конца, с одной стороны, любовь и уважение — с другой, уважение, доходящее до какого-то страха, до боязни за себя в глазах того, кем так высоко дорожишь, и до ревнивого, жадного желания с каждым шагом в жизни всё ближе и ближе подходить его сердцу.

Обе подруги были одних лет, но между тем была неизмеримая разница во всем, начиная с красоты. M-me M * была тоже очень хороша собой, но в красоте ее было

Non seulement il aimait sa femme jusqu'à la faiblesse, mais encore il en faisait son idole. En rien, il ne la gênait. Elle avait de nombreux amis des deux sexes, Mais, étourdie en tout, elle ne se montrait guère difficile dans le choix de son entourage, quoique au fond elle fût beaucoup plus sérieuse qu'on ne pourrait le croire d'après ce que je viens de raconter.

Parmi ses amies, elle aimait et préférait à toute autre une jeune dame, sa parente éloignée, qui se trouvait aussi dans notre société. Entre elles s'était établie une douce et délicate amitié, de celles qui se plaisent souvent à germer entre deux caractères opposés, lorsque l'un est plus austère, plus profond et plus pur, et que l'autre, reconnaissant une supériorité réelle, s'y soumet avec tendresse et modestie, non sans garder le sentiment intime de sa propre valeur et conserver cette affection dans le fond de son cœur, comme un talisman. C'est dans de semblables relations que naissent les plus exquis raffinements du cœur : d'un côté une indulgence et une tendresse infinies ; de l'autre un amour et une estime poussés jusqu'à la crainte ; d'où résulte une bienfaisante appréhension de faiblir aux yeux de celle qu'on apprécie tant, mêlée au désir jaloux de pouvoir se rapprocher de plus en plus de son cœur.

Les deux amies étaient du même âge, mais la dissemblance entre elles était absolue, à commencer par le caractère de leur beauté. Madame M*** n'était pas moins belle que son amie, mais il y avait en elle

что-то особенное, резко отделявшее ее от толпы хорошеньких женщин; было что-то в лице ее, что тотчас же неотразимо влекло к себе все симпатии, или, лучше сказать, что пробуждало благородную, возвышенную симпатию в том, кто встречал ее. Есть такие счастливые лица. Возле нее всякому становилось как-то лучше, как-то свободнее, как-то теплее, и, однако ж, ее грустные большие глаза, полные огня и силы, смотрели робко и беспокойно, будто под ежеминутным страхом чего-то враждебного и грозного, и эта странная робость таким унынием покрывала подчас ее тихие, кроткие черты, напоминавшие светлые лица итальянских мадонн, что, смотря на нее, самому становилось скоро так же грустно, как за собственную, как за родную печаль.

Это бледное, похудевшее лицо, в котором сквозь безукоризненную красоту чистых, правильных линий и унылую суровость глухой, затаенной тоски еще так часто просвечивал первоначальный детски ясный облик, — образ еще недавних доверчивых лет и, может быть, наивного счастья; эта тихая, но несмелая, колебавшаяся улыбка — всё это поражало таким безотчетным участием к этой женщине, что в сердце каждого невольно зарождалась сладкая, горячая забота, которая громко говорила за нее еще издали и еще вчуже роднила с нею. Но красавица казалась как-то молчаливою, скрытною, хотя, конечно, не было существа более внимательного и любящего, когда кому-нибудь надобилось сочувствие.

quelque chose de particulier qui tranchait vivement et la faisait distinguer parmi toutes les autres jeunes et jolies femmes. L'expression de son visage attirait immédiatement ou plutôt provoquait un sentiment de profonde sympathie. On rencontre parfois de ces visages prédestinés. Auprès d'elle on se sentait naître à la confiance, et cependant ses grands yeux tristes, ardents et pleins d'énergie, avaient aussi des expressions timides et agitées. La crainte de quelque chose de redoutable et de terrible paraissait le dominer ; ses traits, paisibles et doux, qui rappelaient ceux des madones italiennes, étaient parfois voilés d'un tel désespoir, que chacun, en la regardant, était pris de tristesse à son tour et partageait son angoisse.

Sur ce visage pâle et amaigri dont les traits s'illuminaient parfois d'une sérénité d'enfant, perçait, à travers le calme d'une beauté irréprochable, une sorte d'abattement : étreinte sourde et secrète, tempérée surtout par un demi-sourire, où semblaient se refléter les impressions récentes encore des premières années aux joies naïves. Cet ensemble complexe provoquait une telle compassion pour cette femme, que dans les cœurs germait involontairement un sentiment d'ineffable attraction. Bien qu'elle se montrât silencieuse et réservée, il n'était personne d'aussi aimant et d'aussi attentif qu'elle, dès qu'on avait besoin de compassion.

Есть женщины, которые точно сестры милосердия в жизни. Перед ними можно ничего не скрывать, по крайней мере ничего, что есть больного и уязвленного в душе. Кто страждет, тот смело и с надеждой иди к ним и не бойся быть в тягость, затем что редкий из нас знает, насколько может быть бесконечно терпеливой любви, сострадания и всепрощения в ином женском сердце. Целые сокровища симпатии, утешения, надежды хранятся в этих чистых сердцах, так часто тоже уязвленных, потому что сердце, которое много любит, много грустит, но где рана бережливо закрыта от любопытного взгляда, затем что глубокое горе всего чаще молчит и таится. Их же не испугает ни глубина раны, ни гной ее, ни смрад ее: кто к ним подходит, тот уж их достоин; да они, впрочем, как будто и родятся на подвиг...

M-me M * была высока ростом, гибка и стройна, но несколько тонка. Все движения ее были как-то неровны, то медленны, плавны и даже как-то важны, то детски скоры, а вместе с тем и какое-то робкое смирение проглядывало в ее жесте, что-то как будто трепещущее и незащищенное, но никого не просившее и не молившее о защите.

Я уже сказал, что непохвальные притязания коварной блондинки стыдили меня, резали меня, язвили меня до крови. Но этому была еще причина тайная, странная, глупая, которую я таил, за которую дрожал, как кащей, и даже при одной мысли о ней, один на один с опрокинутой моей головою, где-нибудь в таинственном, темном углу,

Il y a des femmes qui sont des Sœurs de charité. On ne peut rien leur cacher, aucune douleur morale du moins ; celui qui souffre a le droit de s'approcher d'elles, plein d'espérance et sans crainte de les importuner ; on ne saurait sonder ce qu'il peut y avoir de patience, d'amour, de pitié et de miséricorde dans certains cœurs de femme. Ces cœurs si purs, souvent blessés, renferment des trésors de sympathie, de consolation, d'espérance ; et en effet, celui qui aime beaucoup souffre beaucoup ; ses blessures sont soigneusement cachées aux regards curieux, car un chagrin profond d'ordinaire se tait et se dissimule. Pour elles, jamais elles ne sont effrayées à l'aspect d'une plaie profonde, repoussante même ; quiconque souffre est digne d'elles ; d'ailleurs, elles semblent nées pour accomplir quelque action héroïque.

Madame M*** était grande, svelte et bien faite, quoique un peu mince. Ses mouvements étaient inégaux, tantôt lents, graves, tantôt vifs comme ceux d'un enfant ; on devinait dans ses manières un sentiment de délaissement, d'alarme peut-être, mais qui ne sollicitait nullement la protection.

J'ai déjà dit que les taquineries peu convenables de ma malicieuse blonde me rendaient très-malheureux, et me blessaient cruellement. Or, il y avait à ma confusion une autre cause secrète, cause étrange et sotte, que je cachais à tous les yeux et qui me faisait trembler. En y pensant, la tête renversée, blotti dans quelque coin obscur et ignoré,

куда не досягал инквизиторский, насмешливый взгляд никакой голубоокой плутовки, при одной мысли об этом предмете я чуть не задыхался от смущения, стыда и боязни, — словом, я был влюблен, то есть, положим, что я сказал вздор: этого быть не могло; но отчего же из всех лиц, меня окружавших, только одно лицо уловлялось моим вниманием? Отчего только за нею я любил следить взглядом, хотя мне решительно не до того было тогда, чтоб выглядывать дам и знакомиться с ними? Случалось это всего чаще по вечерам, когда ненастье запирало всех в комнаты и когда я, одиноко притаясь где-нибудь в углу залы, беспредметно глазел по сторонам, решительно не находя никакого другого занятия, потому что со мной, исключая моих гонительниц, редко кто говорил, и было мне в такие вечера нестерпимо скучно. Тогда всматривался я в окружавшие меня лица, вслушивался в разговор, в котором часто не понимал ни слова, и вот в это-то время тихие взгляды, кроткая улыбка и прекрасное лицо M-me M * (потому что это была она), бог знает почему, уловлялись моим зачарованным вниманием, и уж не изглаживалось это странное, неопределенное, но непостижимо сладкое впечатление мое. Часто по целым часам я как будто уж и не мог от нее оторваться; я заучил каждый жест, каждое движение ее, вслушался в каждую вибрацию густого, серебристого, но несколько заглушенного голоса и — странное дело! — из всех наблюдений своих вынес, вместе с робким и сладким впечатлением, какое-то непостижимое любопытство. Похоже было на то, как будто я допытывался какой-нибудь тайны...

à l'abri de tout regard moqueur et inquisiteur, loin des yeux bleus de quelqu'une de ces écervelées, je suffoquais de crainte et d'agitation ; bref, j'étais amoureux ! Mettons que j'ai dit là une absurdité et que pareille chose ne pouvait m'arriver. Mais alors pourquoi, parmi toutes les personnes dont j'étais entouré, une seule attirait-elle mon attention ? Pourquoi ce plaisir de la suivre du regard, bien qu'il ne fût pas de mon âge d'observer les femmes et de nouer des relations avec elles ? Souvent, pendant les soirées pluvieuses, lorsque toute la société était obligée de rester à la maison, je me blottissais dans un coin du salon, triste et désœuvré, car personne, excepté ma persécutrice, ne m'adressait la parole. Alors j'observais tout le monde et j'écoutais les conversations, souvent inintelligibles pour moi. Bientôt j'étais comme ensorcelé par les doux yeux, le sourire paisible et la beauté de madame M***, – car c'était elle qui occupait ma pensée, – et une impression vague et étrange, mais incomparablement douce, ne s'effaçait plus de mon cœur. Souvent, pendant plusieurs heures, je ne pouvais la quitter du regard ; j'étudiais ses gestes, ses mouvements, les vibrations de sa voix pleine et harmonieuse, mais quelque peu voilée, et, chose bizarre ! à force de l'observer, je ressentais une impression tendre et craintive, en même temps que j'éprouvais une inconcevable curiosité, comme si j'eusse cherché à découvrir quelque mystère.

Всего мучительнее для меня были насмешки в присутствии M-me M *. Эти насмешки и комические гонения, по моим понятиям, даже унижали меня. И когда, случалось, раздавался общий смех на мой счет, в котором даже M-me M * иногда невольно принимала участие, тогда я, в отчаянии, вне себя от горя, вырывался от своих тиранок и убегал наверх, где и дичал остальную часть дня, не смея показать своего лица в зале.

Впрочем, я и сам еще не понимал ни своего стыда, ни волнения; весь процесс переживался во мне бессознательно. С M-me M * я почти не сказал еще и двух слов, да и, конечно, не решился бы на это. Но вот однажды вечером, после несноснейшего для меня дня, отстал я от других на прогулке, ужасно устал и пробирался домой через сад. На одной скамье, в уединенной аллее, увидел я M-me M *. Она сидела одна-одинехонька, как будто нарочно выбрав такое уединенное место, склонив голову на грудь и машинально перебирая в руках платок. Она была в такой задумчивости, что и не слыхала, как я с ней поравнялся.

Заметив меня, она быстро поднялась со скамьи, отвернулась и, я увидел, наскоро отерла глаза платком. Она плакала. Осушив глаза, она улыбнулась мне и пошла вместе со мною домой.

Le plus pénible pour moi, c'était d'être en butte aux railleries dont je me trouvais si souvent victime, en présence de madame M***. Il me semblait que ces moqueries et ces persécutions comiques devaient m'avilir. Lorsque s'élevait un rire général dont j'étais la cause et auquel madame M*** prenait part involontairement, alors, pris de désespoir, exaspéré de douleur, je m'échappais des bras de mes persécuteurs et m'enfuyais aux étages supérieurs où je passais le reste du jour, n'osant plus me montrer au salon.

Du reste, je ne pouvais encore me rendre bien compte de cet état de honte et d'agitation. Je n'avais pas encore eu l'occasion de parler à madame M***, et, effectivement, je ne pouvais m'y décider. Mais un soir, après une journée particulièrement insupportable pour moi, j'étais resté en arrière des autres promeneurs et j'allais m'en retourner, me sentant extrêmement las, quand j'aperçus madame M*** assise sur un banc dans une allée écartée. Seule, la tête penchée sur sa poitrine, elle chiffonnait machinalement son mouchoir et semblait avoir choisi exprès ce lieu désert. La méditation dans laquelle elle était plongée était si profonde qu'elle ne m'entendit pas m'approcher d'elle.

Dès qu'elle m'aperçut elle se leva rapidement, se détourna, et je vis qu'elle s'essuyait vivement les yeux. Elle avait pleuré. Mais séchant ses pleurs, elle me sourit et marcha à côté de moi.

Уж не помню, о чем мы с ней говорили; но она поминутно отсылала меня под разными предлогами: то просила сорвать ей цветок, то посмотреть, кто едет верхом по соседней аллее. И когда я отходил от нее, она тотчас же опять подносила платок к глазам своим и утирала непослушные слезы, которые никак не хотели покинуть ее, всё вновь и вновь накипали в сердце и всё лились из ее бедных глаз. Я понимал, что, видно, я ей очень в тягость, когда она так часто меня отсылает, да и сама она уже видела, что я всё заметил, но только не могла удержаться, и это меня еще более за нее надрывало. Я злился на себя в эту минуту почти до отчаяния, проклинал себя за неловкость и ненаходчивость и все-таки не знал, как ловче отстать от нее, не выказав, что заметил ее горе, но шел рядом с нею, в грустном изумлении, даже в испуге, совсем растерявшись и решительно не находя ни одного слова для поддержки оскудевшего нашего разговора.

Эта встреча так поразила меня, что я весь вечер с жадным любопытством следил потихоньку за M-me M * и не спускал с нее глаз. Но случилось так, что она два раза застала меня врасплох среди моих наблюдений, и во второй раз, заметив меня, улыбнулась. Это была ее единственная улыбка за весь вечер. Грусть еще не сходила с лица ее, которое было теперь очень бледно. Всё время она тихо разговаривала с одной пожилой дамой, злой и сварливой старухой, которой никто не любил за шпионство и сплетни, но которой все боялись, а потому и принуждены были всячески угождать ей, волей-неволей...

Je ne me souviens plus de notre conversation, mais je sais qu'elle m'éloignait à tout instant sous différents prétextes : tantôt elle me priait de lui cueillir une fleur, tantôt de voir quel était le cavalier qui galopait dans l'allée voisine. Dès que j'étais à quelques pas, elle portait encore son mouchoir à ses yeux pour essuyer de nouveaux pleurs dont la source rebelle ne voulait pas tarir. Devant cette persistance à me renvoyer, je compris enfin que je la gênais ; elle-même voyait que j'avais remarqué son état, mais elle ne pouvait pas se contenir, ce qui me désespérait davantage. J'étais furieux contre moi-même, presque au désespoir, maudissant ma gaucherie et mon ignorance. Mais comment la quitter sans lui laisser voir que j'avais remarqué son chagrin ? Je continuais donc à marcher à ses côtés, tristement surpris, épouvanté et ne trouvant décidément aucune parole pour renouer notre conversation épuisée.

Cette rencontre me frappa tellement que pendant toute la soirée, dévoré de curiosité, je ne pouvais détacher les yeux de sa personne. Il arriva que deux fois elle me surprit plongé dans mes observations, et la seconde fois elle sourit en me regardant. Ce fut son seul sourire de toute la soirée. Une morne tristesse ne quittait pas son visage devenu très-pâle. Elle s'entretenait tranquillement avec une dame âgée, vieille femme tracassière et méchante que personne n'aimait, à cause de son penchant pour l'espionnage et les cancans, mais que tout le monde redoutait ; aussi chacun, bon gré, malgré, s'efforçait-il de lui complaire.

Часов в десять приехал муж M-me M *. До сих пор я наблюдал за ней очень пристально, не отрывая глаз от ее грустного лица; теперь же, при неожиданном входе мужа, я видел, как она вся вздрогнула и лицо ее, и без того уже бледное, сделалось вдруг белее платка. Это было так приметно, что и другие заметили: я расслышал в стороне отрывочный разговор, из которого кое-как догадался, что бедной M-me M * не совсем хорошо. Говорили, что муж ее ревнив, как арап, не из любви, а из самолюбия.

Прежде всего это был европеец, человек современный, с образчиками новых идей и тщеславящийся своими идеями. С виду это был черноволосый, высокий и особенно плотный господин, с европейскими бакенбардами, с самодовольным румяным лицом, с белыми как сахар зубами и с безукоризненной джентльменской осанкой. Называли его умным человеком. Так в иных кружках называют одну особую породу растолстевшего на чужой счет человечества, которая ровно ничего не делает, которая ровно ничего не хочет делать и у которой, от вечной лености и ничегонеделания, вместо сердца кусок жира. От них же поминутно слышишь, что им нечего делать вследствие каких-то очень запутанных, враждебных обстоятельств, которые «утомляют их гений», и что на них, поэтому, «грустно смотреть». Это уж у них такая принятая пышная фраза, их mot d'ordre, их пароль и лозунг, фраза, которую мои сытые толстяки расточают везде поминутно, что уже давно начинает надоедать, как отъявленное тартюфство и пустое слово.

À dix heures on vit entrer le mari de madame M***. Jusque-là j'avais observé sa femme très-attentivement, ne quittant pas des yeux son visage attristé. À l'arrivée inattendue de M. M***, je la vis tressaillir, et elle, d'ordinaire si pâle, devint encore plus blanche. La chose fut si visible que d'autres la remarquèrent, et de tous côtés de3 conversations s'engagèrent. En prêtant l'oreille, je parvins à comprendre que madame M*** n'était pas heureuse. On disait son mari jaloux comme un Arabe, non par amour, mais par vanité.

C'était un homme de son temps, aux idées nouvelles, et il s'en vantait. Grand, robuste et brun, favoris à la mode, visage coloré et satisfait, dents d'une blancheur de nacre, tenue irréprochable de gentleman, tel était M. M***. On le disait homme d'esprit. C'est ainsi que, dans certains cercles, on désigne une espèce particulière d'individus devenus gros et gras aux dépens d'autrui, qui ne font rien et ne veulent positivement rien faire, et qui, par suite de cette paresse éternelle et de cette indolence continue, finissent par avoir une boule de graisse à là place du cœur. Eux-mêmes répètent à tout propos « qu'ils n'ont rien à faire, par suite de quelque circonstance fâcheuse et compliquée qui les accable ; ce dont ils sont fort à plaindre ». Cette phrase creuse, notre égoïste la répétait comme un mot d'ordre, et tout le monde commençait à en être fatigué.

Впрочем, некоторые из этих забавников, никак не могущих найти, что им делать, — чего, впрочем, никогда и не искали они, — именно на то метят, чтоб все думали, что у них вместо сердца не жир, а, напротив, говоря вообще, что-то очень глубокое, но что именно — об этом не сказал бы ничего самый первейший хирург, конечно, из учтивости. Эти господа тем и пробиваются на свете, что устремляют все свои инстинкты на грубое зубоскальство, самое близорукое осуждение и безмерную гордость. Так как им нечего больше делать, как подмечать и затверживать чужие ошибки и слабости, и так как в них доброго чувства ровнешенько настолько, сколько дано его в удел устрице, то им и не трудно, при таких предохранительных средствах, прожить с людьми довольно осмотрительно. Этим они чрезмерно тщеславятся. Они, например, почти уверены, что у них чуть ли не весь мир на оброке; что он у них как устрица, которую они берут про запас; что все, кроме них, дураки; что всяк похож на апельсин или на губку, которую они нет-нет да и выжмут, пока сок надобится; что они всему хозяева и что весь этот похвальный порядок вещей происходит именно оттого, что они такие умные и характерные люди. В своей безмерной гордости они не допускают в себе недостатков. Они похожи на ту породу житейских плутов, прирожденных Тартюфов и Фальстафов, которые до того заплутовались, что наконец и сами уверились, что так и должно тому быть, то есть чтоб жить им да плутовать; до того часто уверяли всех, что они честные люди, что наконец и сами уверились, будто они действительно честные люди и что их плутовство-то и есть честное дело.

Quelques-uns de ces drôles, impuissants à trouver ce qu'ils pourraient faire et qui d'ailleurs ne l'ont jamais cherché, voudraient prouver qu'à la place du cœur, ils ont, non pas une boule de graisse, mais quelque chose de profond. D'habiles chirurgiens pourraient seuls l'affirmer, et encore par politesse. Bien qu'ils n'emploient leurs instincts qu'à de grossiers persiflages, à des jugements bornés, à l'étalage d'un orgueil démesuré, ces individus ont du succès dans le monde. Ils passent tout leur temps à observer les fautes et les faiblesses des autres, et fixent toutes ces observations dans leur esprit ; avec la sécheresse de cœur qui les caractérise, il ne leur est pas difficile, possédant par devers eux tant de préservatifs, de vivre sans difficulté avec autrui. C'est ce dont ils se targuent. Ils sont à peu près persuadés que le monde est fait pour eux ; que c'est une poire qu'ils gardent pour la soif ; qu'il n'y a qu'eux de spirituels, que tous les autres sont des sots, que le monde est comme une orange dont ils expriment le jus, quand ils en ont besoin ; qu'ils sont les maîtres de tout, et que si l'état actuel des affaires est digne d'éloges, ce n'est que grâce à eux, gens d'esprit et de caractère. Aveuglés par l'orgueil, ils ne se connaissent point de défauts. Semblables à ces fripons mondains, nés Tartufe et Falstaff, si fourbes qu'à la fin ils arrivent à se persuader qu'il doit en être ainsi, ils vont répétant si souvent qu'ils sont honnêtes, qu'ils finissent par croire que leur friponnerie est de l'honnêteté.

Для совестного внутреннего суда, для благородной самооценки их никогда не хватит: для иных вещей они слишком толсты. На первом плане у них всегда и во всем их собственная золотая особа, их Молох и Ваал, их великолепное я. Вся природа, весь мир для них не более как одно великолепное зеркало, которое и создано для того, чтоб мой божок беспрерывно в него на себя любовался и из-за себя никого и ничего не видел; после этого и немудрено, что всё на свете видит он в таком безобразном виде. На всё у него припасена готовая фраза, и, — что, однако ж, верх ловкости с их стороны, — самая модная фраза. Даже они-то и способствуют этой моде, голословно распространяя по всем перекресткам ту мысль, которой почуют успех. Именно у них есть чутье, чтоб пронюхать такую модную фразу и раньше других усвоить ее себе, так, что как будто она от них и пошла. Но грубо не узнают они истины в уклоненной, переходной и неготовой форме и отталкивают всё, что еще не поспело, не устоялось и бродит. Упитанный человек всю жизнь прожил навеселе, на всем готовом, сам ничего не сделал и не знает, как трудно всякое дело делается, а потому беда какой-нибудь шероховатостью задеть его жирные чувства: за это он никогда не простит, всегда припомнит и отомстит с наслаждением. Итог всему выйдет, что мой герой есть не более не менее как исполинский, донельзя раздутый мешок, полный сентенций, модных фраз и ярлыков всех родов и сортов.

Incapables d'un jugement quelque peu consciencieux ou d'une appréciation noble, trop épais pour saisir certaines nuances, ils mettent toujours au premier plan et avant tout leur précieuse personne, leur Moloch et Baal, leur cher *moi*. La nature, l'univers n'est pour eux qu'un beau miroir qui leur permet d'admirer sans cesse leur propre idole et de n'y rien regarder d'autre ; ce pourquoi il n'y a lieu de s'étonner s'ils voient laid. Ils ont toujours une phrase toute prête, et, comble du savoir-faire, cette phrase est toujours à la mode. Leurs efforts tendent à ce seul but, et quand ils y ont réussi, ils la répètent partout. Pour découvrir de telles phrases, ils ont le flair qui convient et s'empressent de se les approprier, pour les présenter comme si elles étaient d'eux. La vérité étant souvent cachée, ils sont trop grossiers pour la discerner, et ils la rejettent comme un fruit qui n'est pas encore mûr. De tels personnages passent gaiement leur vie, ne se souciant de rien, ignorant combien le travail est difficile ; aussi gardez-vous de heurter maladroitement leurs épais sentiments : cela ne vous serait jamais pardonné ; ces gens-là se souviennent de la moindre attaque et s'en vengent avec délices. En résumé, je ne peux mieux comparer notre individu qu'à un énorme sac tout rempli, pour mieux dire bondé de sentences, de phrases à la mode et de toutes sortes de fadaises.

Но, впрочем, M-r M* имел и особенность, был человек примечательный: это был остряк, говорун и рассказчик, и в гостиных кругом него всегда собирался кружок. В тот вечер особенно ему удалось произвесть впечатление. Он овладел разговором; он был в ударе, весел, чему-то рад и заставил-таки всех глядеть на себя. Но M-me M* всё время была как больная; лицо ее было такое грустное, что мне поминутно казалось, что вот-вот сейчас задрожат на ее длинных ресницах давешние слезы.

Всё это, как я сказал, поразило и удивило меня чрезвычайно. Я ушел с чувством какого-то странного любопытства, и всю ночь снился мне M-r M*, тогда как до тех пор я редко видывал безобразные сны.

На другой день, рано поутру, позвали меня на репетицию живых картин, в которых и у меня была роль. Живые картины, театр и потом бал — всё в один вечер, назначались не далее как дней через пять, по случаю домашнего праздника — дня рождения младшей дочери нашего хозяина. На праздник этот, почти импровизированный, приглашены были из Москвы и из окрестных дач еще человек сто гостей, так что много было и возни, и хлопот, и суматохи.

Репетиции или, лучше сказать, смотр костюмов назначены были не вовремя, поутру, потому что наш режиссер, известный художник P*, приятель и гость нашего хозяина, по дружбе к нему согласившийся взять на себя сочинение и постановку картин, а вместе с тем и нашу выучку,

Du reste, M. M*** avait encore cela de particulier qu'en sa qualité de beau parleur et de conteur caustique, il était toujours très-entouré dans un salon. Ce soir-là, surtout, il avait beaucoup de succès. Gai, plein d'entrain et de verve, il devint bientôt maître de la conversation et força tout le monde à l'écouter. Quant à sa femme, elle paraissait si souffrante et si triste, que je pensais voir à chaque instant des larmes perler au bout de ses longs cils.

Cette scène, comme je l'ai dit tout à l'heure, me frappa et m'intrigua au plus haut point. Je quittai le salon en proie à un étrange sentiment de curiosité qui me fit rêver toute la nuit de M. M***, et pourtant il m'arrivait rarement de faire de mauvais rêves.

On vint me chercher le lendemain matin pour la répétition des tableaux vivants, où je remplissais un rôle. Les tableaux vivants, le spectacle et la soirée dansante devaient avoir lieu cinq jours après pour fêter l'anniversaire de la naissance de la fille cadette de notre hôte. On avait lancé à Moscou et aux environs une centaine de nouvelles invitations pour cette fête, presque improvisée ; aussi le château était-il plein de vacarme, de mouvement et de remue-ménage.

La répétition, ou pour mieux dire la revue des costumes, devait avoir lieu ce matin-là ; d'ailleurs elle tombait très-mal à propos ; car notre régisseur général, le fameux artiste M. R***, qui se trouvait parmi les invités et qui, par amitié pour notre hôte, avait consenti à composer, à organiser ces tableaux et même à nous apprendre la manière de poser,

спешил теперь в город для закупок по бутафорской части и для окончательных заготовлений к празднику, так что времени терять было некогда.

Я участвовал в одной картине, вдвоем с M-me M *. Картина выражала сцену из средневековой жизни и называлась «Госпожа замка и ее паж». Я почувствовал неизъяснимое смущение, сошедшись с M-me M * на репетиции. Мне так и казалось, что она тотчас же вычитает из глаз моих все думы, сомнения, догадки, зародившиеся со вчерашнего дня в голове моей. К тому же мне всё казалось, что я как будто бы виноват пред нею, застав вчера ее слезы и помешав ее горю, так что она поневоле должна будет коситься на меня, как на неприятного свидетеля и непрошеного участника ее тайны.

Но, слава богу, дело обошлось без больших хлопот: меня просто не заметили. Ей, кажется, было вовсе не до меня и не до репетиции: она была рассеянна, грустна и мрачно-задумчива; видно было, что ее мучила какая-то большая забота.

Покончив с моею ролью, я побежал переодеться и через десять минут вышел на террасу в сад. Почти в то же время из других дверей вышла и M-me M *, и, как раз нам напротив, появился самодовольный супруг ее, который возвращался из сада, только что проводив туда целую группу дам и там успев сдать их с рук на руки какому-то досужему *cavalier servant*[1].

---
1. Услужливому кавалеру (франц.).

était précisément forcé de se hâter pour partir à la ville acheter les différents objets et les accessoires nécessaires aux derniers préparatifs de la fête. Nous n'avions donc pas une minute à perdre.

Je figurais avec madame M*** dans un tableau vivant qui représentait une scène de la vie du moyen âge sous ce titre : *La châtelaine et son page*. Lorsque notre tour vint et que je me trouvai près de madame M***, un trouble inexplicable s'empara de moi. Il me semblait qu'elle allait lire dans mes yeux toutes les pensées, les doutes et les conjectures qui, depuis la veille, s'amoncelaient dans ma tête. Comme j'avais surpris ses larmes et troublé son chagrin, je me considérais presque comme coupable envers elle, et je m'imaginais qu'elle-même devait me regarder d'un œil sévère, me traiter comme un témoin importun de sa douleur.

Mais, grâce à Dieu, il en fut tout différemment : elle ne me remarqua même pas. Elle paraissait distraite, pensive et taciturne, se préoccupant aussi peu de moi que de la répétition ; son esprit était évidemment obsédé par quelque grave souci.

Dès que j'eus rempli mon rôle, je m'esquivai pour changer de vêtements, et, au bout de dix minutes, je revins sur la terrasse. Presque au même instant, madame M*** entrait par une autre porte, et en face de nous apparaissait son prétentieux mari. Il revenait du jardin, où il avait escorté tout un essaim de dames qu'il avait ensuite remises aux soins de quelque alerte cavalier servant[1].

---

1. En français dans le texte.

Встреча мужа и жены, очевидно, была неожиданна. M-me M *, неизвестно почему-то, вдруг смутилась, и легкая досада промелькнула в ее нетерпеливом движении. Супруг, беспечно насвистывавший арию и во всю дорогу глубокомысленно охорашивавший свои бакенбарды, теперь, при встрече с женою, нахмурился и оглядел ее, как припоминаю теперь, решительно инквизиторским взглядом.

— Вы в сад? — спросил он, заметив омбрельку и книгу в руках жены.

— Нет, в рощу, — отвечала она, слегка покраснев.

— Одни?

— С ним... — проговорила M-me M *, указав на меня. — Я гуляю поутру одна, — прибавила она каким-то неровным, неопределенным голосом, точно таким, когда лгут первый раз в жизни.

— Гм... А я только что проводил туда целую компанию. Там все собираются у цветочной беседки провожать Н — го. Он едет, вы знаете... у него какая-то беда случилась там, в Одессе... Ваша кузина (он говорил о блондинке) и смеется, и чуть не плачет, всё разом, не разберешь ее. Она мне, впрочем, сказала, что вы за что-то сердиты на Н—го и потому не пошли его провожать. Конечно вздор?

— Она смеется, — отвечала M-me M *, сходя со ступенек террасы.

La rencontre du ménage était évidemment inattendue. Je ne sais pourquoi madame M*** se troubla subitement et manifesta son dépit par un geste d'impatience. Son mari, qui sifflotait un air d'un ton insouciant tout en démêlant soigneusement ses favoris, fronça les sourcils à la vue de la jeune femme, et lui jeta, comme il m'en souvient, des regards inquisiteurs.

— Vous allez au jardin ? demanda-t-il, remarquant l'ombrelle et le livre qu'elle portait.

— Non, dans le parc, répondit-elle, et elle rougit légèrement.

— Toute seule ?

— Avec lui... répliqua madame M***, qui me désigna du regard. Le matin je me promène toujours seule, ajouta-t-elle d'une voix quelque peu troublée et hésitante comme si elle eût dit un premier mensonge.

— Hum !... C'est la que je viens de conduire toute la société. On est réuni près du pavillon pour faire les adieux à N***. Il nous quitte... vous savez ?... Il lui est arrivé quelque affaire désagréable à Odessa. Votre cousine (c'était la belle blonde) en rit et en pleure en même temps ; explique la chose qui pourra. Elle prétend que vous avez une dent contre N***, et c'est pour cela, dit-elle, que vous n'êtes pas allée le reconduire. C'est probablement une plaisanterie ?

— Elle a en effet plaisanté, répondit madame M*** en descendant les marches de la terrasse.

— Так это ваш каждодневный cavalier servant? — прибавил M-r M *, скривив рот и наведя на меня свой лорнет.

— Паж! — закричал я, рассердившись за лорнет и насмешку, и, захохотав ему прямо в лицо, разом перепрыгнул три ступеньки террасы...

— Счастливый путь! — пробормотал M-r M * и пошел своею дорогой.

Конечно, я тотчас же подошел к M-me M *, как только она указала на меня мужу, и глядел так, как будто она меня уже целый час назад пригласила и как будто я уже целый месяц ходил с ней гулять по утрам. Но я никак не мог разобрать: зачем она так смутилась, сконфузилась и что такое было у ней на уме, когда она решилась прибегнуть к своей маленькой лжи? Зачем она просто не сказала, что идет одна?

Теперь я не знал, как и глядеть на нее; но, пораженный удивлением, я, однако ж, пренаивно начал помаленьку заглядывать ей в лицо; но, так же как и час назад, на репетиции, она не примечала ни подглядываний, ни немых вопросов моих. Всё та же мучительная забота, но еще явственнее, еще глубже, чем тогда, отражалась в ее лице, в ее волнении, в походке. Она спешила куда-то, всё более и более ускоряя шаг, и с беспокойством заглядывала в каждую аллею, в каждую просеку рощи, оборачиваясь к стороне сада. И я тоже ожидал чего-то.

— C'est donc lui qui est votre cavalier servant de chaque jour ? demanda M. M*** en ricanant et en braquant sur moi son lorgnon.

— Son page ! m'écriai-je, exaspéré par la vue de ce lorgnon et par cet air moqueur. Et, lui riant au nez, je sautai, d'un bond, trois marches de la terrasse.

— Allons ! bon voyage ! marmotta-t-il en s'éloignant.

Dès que madame M*** m'avait désigné à son mari, je m'étais – est-il besoin de le dire ? – approché d'elle, comme si elle m'eût appelé déjà depuis une heure et comme si j'avais été régulièrement pendant tout le mois son cavalier dans ses promenades matinales. Mais ce que je ne pouvais comprendre, c'était la cause de son trouble, de sa confusion. Pourquoi s'était-elle décidée à faire ce petit mensonge ? Pourquoi n'avait-elle pas dit, tout simplement, qu'elle sortait seule ?

Je n'osais plus la regarder ; cependant, cédant à un instinct de curiosité, je lui jetais de temps en temps à la dérobée un coup d'œil plein de naïveté. Mais ici comme à la répétition elle ne remarquait ni mes regards ni mes muettes interrogations. On lisait sur ses traits, on devinait dans sa démarche agitée l'angoisse cruelle à laquelle elle semblait sujette, mais cette angoisse était peut-être en ce moment encore plus profonde et plus visible que jamais. Elle se hâtait, pressait le pas de plus en plus et jetait des regards furtifs et impatients dans chaque allée, chaque trouée du parc, se retournant à chaque minute du côté du jardin. De mon côté, je m'attendais à quelque événement.

Вдруг за нами раздался лошадиный топот. Это была целая кавалькада наездниц и всадников, провожавших того Н — го, который так внезапно покидал наше общество.

Между дамами была и моя блондинка, про которую говорил M-r M *, рассказывая о слезах ее. Но, по своему обыкновению, она хохотала как ребенок и резво скакала на прекрасном гнедом коне. Поравнявшись с нами, Н — й снял шляпу, но не остановился и не сказал с M-me M * ни слова. Скоро вся ватага исчезла из глаз. Я взглянул на M-me M * и чуть не вскрикнул от изумления: она стояла бледная как платок и крупные слезы пробивались из глаз ее. Случайно наши взгляды встретились: M-me M * вдруг покраснела, на миг отвернулась, и беспокойство и досада ясно замелькали на лице ее. Я был лишний, хуже, чем вчера, — это яснее дня, но куда мне деваться?

Вдруг M-me M *, как будто догадавшись, развернула книгу, которая была у нее в руках, и, закрасневшись, очевидно стараясь не смотреть на меня, сказала, как будто сейчас только спохватилась:

— Ах! это вторая часть, я ошиблась; пожалуйста, принеси мне первую.

Как не понять! моя роль кончилась, и нельзя было прогнать меня по более прямой дороге. Я убежал с ее книгой и не возвращался.

Tout à coup nous entendîmes galoper derrière nous. C'était tout un cortège d'amazones et de cavaliers. Ils accompagnaient ce même N*** qui abandonnait si brusquement notre société.

Parmi les dames se trouvait ma belle blonde que M. M*** venait de voir verser des larmes. Selon son habitude, elle riait maintenant comme une enfant, et galopait la tête haute sur un magnifique coursier bai. Toute cette cavalcade nous rejoignit en un instant ; N*** nous ôta son chapeau en passant, mais ne s'arrêta pas et n'adressa pas la parole à madame M***. Le groupe eut bientôt disparu. Je regardai alors ma compagne et j'étouffai un cri de stupeur ; elle était livide, et de grosses larmes jaillissaient de ses yeux. Par hasard nos regards se rencontrèrent : elle rougit et se détourna ; l'inquiétude et le dépit passèrent sur son visage. Comme la veille, bien plus encore que la veille, j'étais de trop, – c'était clair comme le jour… – mais comment faire pour m'éloigner ?

Madame M*** eut cependant une inspiration ; elle ouvrit son livre, et, tout en rougissant et en évitant mon regard, me dit, comme si elle venait de remarquer sa bévue :

— Ah ! c'est le deuxième volume ! je me suis trompée… va donc me chercher le premier, s'il te plaît !

Il était impossible de ne pas comprendre ce qu'elle désirait. Mon rôle auprès d'elle était terminé, et elle ne pouvait me congédier d'une façon plus nette. Je partis son livre à la main, et ne revins pas.

Первая часть преспокойно пролежала на столе это утро...

Но я был сам не свой; у меня билось сердце, как будто в беспрерывном испуге. Всеми силами старался я как-нибудь не повстречать M-me M *. Зато я с каким-то диким любопытством глядел на самодовольную особу M-r M *, как будто в нем теперь непременно должно было быть что-то особенное. Решительно не понимаю, что было в этом комическом любопытстве моем; помню только, что я был в каком-то странном удивлении от всего, что привелось мне Увидеть в это утро. Но мой день только что начинался, и для меня он был обилен происшествиями.

Обедали на этот раз очень рано. К вечеру назначена была общая увеселительная поездка в соседнее село, на случившийся там деревенский праздник, и потому нужно было время, чтоб приготовиться. Я уж за три дня мечтал об этой поездке, ожидая бездну веселья. Пить кофе почти все собрались на террасе. Я осторожно пробрался за другими и спрятался за тройным рядом кресел. Меня влекло любопытство, и между тем я ни за что не хотел показаться на глаза M-me M *. Но случаю угодно было поместить меня недалеко от моей гонительницы-блондинки. На этот раз с ней приключилось чудо, невозможное дело: она вдвое похорошела. Уж не знаю, как и отчего это делается, но с женщинами такие чудеса бывают даже нередко.

Le premier volume resta tranquillement posé sur la table toute la matinée.

Je me sentais tout autre ; une crainte continuelle faisait battre violemment mon cœur. Je fis tout mon possible pour ne plus me rencontrer avec madame M***. Mais en revanche, j'observais avec une sauvage curiosité la suffisante personne de M. M***, comme si j'avais dû découvrir en lui quelque chose de particulier. Je ne puis vraiment m'expliquer la cause de cette curiosité comique ; je me souviens seulement de l'étrange stupéfaction que j'éprouvais d'avoir été témoin de tout ce qui s'était passé le matin. Cependant cette journée, si féconde pour moi en incidents, ne faisait que commencer.

Ce jour-là on dîna de bonne heure. Une joyeuse partie de plaisir avait été projetée pour le soir : on devait se rendre dans un village voisin pour assister à une fête champêtre. Depuis trois jours déjà je ne faisais que songer à cette expédition, où je comptais m'amuser beaucoup. Un groupe nombreux d'invités prenait le café sur la terrasse. Je me glissai tout doucement derrière eux, et me blottis au milieu des fauteuils. Si grande que fût ma curiosité, je n'avais nulle envie d'être aperçu par madame M***. Mais par une sorte de fatalité je me trouvai tout près de ma blonde persécutrice. Chose incroyable ! miracle étonnant ! elle était devenue extraordinairement belle tout à coup. Comment cela se fait-il ? je ne sais, mais c'est un phénomène auquel les femmes sont quelquefois sujettes.

Меж нами в эту минуту был новый гость, высокий, бледнолицый молодой человек, записной поклонник нашей блондинки, только что приехавший к нам из Москвы, как будто нарочно затем, чтоб заменить собой отбывшего Н — го, про которого шла молва, что он отчаянно влюблен в нашу красавицу. Что ж касается приезжего, то он уж издавна был с нею в таких же точно отношениях, как Бенедикт к Беатриче в шекспировском «Много шума из пустяков».

Короче, наша красавица в этот день была в чрезвычайном успехе. Ее шутки и болтовня были так грациозны, так доверчиво-наивны, так простительно-неосторожны; она с такою грациозною самонадеянностию была уверена во всеобщем восторге, что действительно всё время была в каком-то особенном поклонении. Вокруг нее не разрывался тесный кружок удивленных залюбовавшихся на нее слушателей, и никогда еще не была она так обольстительна. Всякое слово ее было в соблазн и в диковинку, ловилось, передавалось вкруговую, и ни одна шутка ее, ни одна выходка не пропала даром. От нее, кажется, и не ожидал никто столько вкуса, блеска, ума. Все лучшие качества ее повседневно были погребены в самом своевольном сумасбродстве, в самом упрямом школьничестве, доходившем чуть ли не до шутовства; их редко кто замечал; а если замечал, так не верил им, так что теперь необыкновенный успех ее встречен был всеобщим страстным шепотом изумления.

Parmi les convives se trouvait également un fervent adorateur de notre belle blonde, un grand jeune homme au teint mat, qui semblait n'être venu de Moscou que pour prendre la place laissée vide par N***, que l'on disait éperdument épris de la dame. Les relations qui semblaient exister depuis longtemps entre elle et le nouveau venu ressemblaient singulièrement à celles de Bénédict et Béatrice dans la comédie de Shakespeare : *Beaucoup de bruit pour rien.*

Quoi qu'il en soit, notre belle obtenait ce jour-là un grand succès. Elle s'était mise à causer et à plaisanter avec une grâce charmante, pleine de naïve confiance et d'excusable étourderie. S'abandonnant à une aimable présomption, elle paraissait sûre de l'admiration générale. Un cercle épais d'auditeurs, étonnés et ravis, l'entourait, s'élargissant à chaque minute ; jamais on ne l'avait vue si séduisante ! Tout ce qu'elle disait était applaudi ; on saisissait, on faisait circuler ses moindres mots ; chacune de ses plaisanteries, chacune de ses saillies produisait un effet. Personne n'aurait jamais attendu d'elle autant de goût, d'éclat et d'esprit, car d'ordinaire chez elle ces qualités disparaissaient sous ses extravagances et ses espiègleries perpétuelles, qui tournaient toujours à la bouffonnerie ; aussi remarquait-on rarement ses qualités, ou, pour mieux dire, ne les remarquait-on jamais. Il en résultait que le succès incroyable qu'elle remportait en ce moment avait été unanimement salué d'un murmure d'admiration flatteuse mêlée d'un certain étonnement.

Впрочем, этому успеху содействовало одно особенное, довольно щекотливое обстоятельство, по крайней мере судя по той роли, которую играл в то же время муж M-me M *. Проказница решилась — и нужно прибавить: почти ко всеобщему удовольствию или, по крайней мере, к удовольствию всей молодежи — ожесточенно атаковать его вследствие многих причин, вероятно, очень важных, на ее глаза. Она завела с ним целую перестрелку острот, насмешек, сарказмов, самых неотразимых и скользких, самых коварных, замкнутых и гладких со всех сторон, таких, которые бьют прямо в цель, но к которым ни с одной стороны нельзя прицепиться для отпора и которые только истощают в бесплодных усилиях жертву, доводя ее до бешенства и до самого комического отчаяния. Наверно не знаю, но, кажется, вся эта выходка была преднамеренная, а не импровизированная. Еще за обедом начался этот отчаянный поединок. Я говорю «отчаянный», потому что M-r M * нескоро положил оружие. Ему нужно было собрать всё присутствие духа, всё остроумие, всю свою редкую находчивость, чтоб не быть разбитым в прах, наголову и не покрыться решительным бесславием. Дело шло при непрерывном и неудержимом смехе всех свидетелей и участников боя.

По крайней мере сегодня непохоже было для него на вчера. Приметно было, что M-me M * несколько раз порывалась остановить своего неосторожного друга, которому в свою очередь непременно хотелось нарядить ревнивого мужа в самый шутовской и смешной костюм, и должно полагать,

Du reste, une circonstance particulière et assez délicate, à en juger par le rôle que remplissait pendant toute cette scène le mari de madame M***, contribuait à augmenter encore ce succès. À la grande joie de toute la société, ou pour mieux dire à la grande joie de tous les jeunes gens, notre aimable espiègle, abordant certains sujets de la plus haute importance, suivant elle, avait pris à partie M. M*** et s'acharnait contre lui. Elle ne cessait de lui décocher les brocards les plus caustiques et les plus ironiques propos, tantôt des sarcasmes pleins de malice, tantôt quelques-unes de ces pointes aiguës et pénétrantes qui ne manquent jamais le but. Comment résister à un tel assaut ? La victime qui veut lutter s'épuise en vains efforts et n'arrive par sa rage et son désespoir qu'à donner la comédie aux assistants.. Cette plaisanterie était-elle improvisée ? je ne l'ai jamais su exactement ; mais, selon toute apparence, elle avait dû être préméditée. Ce duel désespéré avait commencé pendant le dîner. Je dis désespéré, car M. M*** ne se rendit pas tout de suite. Il dut faire appel à toute sa présence d'esprit, à toute sa finesse, pour éviter une déroute complète qui l'eût couvert de honte. Quant aux témoins de ce combat singulier, ils avaient été pris d'un fou rire qui ne les quittait guère.

Quelle différence ce jour-là avec la scène de la veille ! Madame M*** avait eu plusieurs fois l'intention de couper la parole à son imprudente amie pendant que celle-ci réussissait si bien à parer son jaloux de mari de tout l'attirail grotesque et bouffon qui devait être

в костюм Синей бороды, судя по всем вероятностям, судя по тому, что у меня осталось в памяти, и, наконец, по той роли, которую мне самому привелось играть в этой сшибке.

Это случилось вдруг, самым смешным образом, совсем неожиданно, и, как нарочно, в эту минуту я стоял на виду, не подозревая зла и даже забыв о недавних моих предосторожностях. Вдруг я был выдвинут на первый план, как заклятый враг и естественный соперник M-r M *, как отчаянно, до последней степени влюбленный в жену его, в чем тиранка моя тут же поклялась, дала слово, сказала, что у ней есть доказательства и что не далее как, например, сегодня в лесу она видела...

Но она не успела договорить, я прервал ее в самую отчаянную для меня минуту. Эта минута была так безбожно рассчитана, так изменнически подготовлена к самому концу, к шутовской развязке, и так уморительно смешно обставлена, что целый взрыв ничем неудержимого, всеобщего смеха отсалютовал эту последнюю выходку.

И хотя тогда же я догадался, что не на мою долю выпадала самая досадная роль, — однако ж был до того смущен, раздражен и испуган, что, полный слез, тоски и отчаяния, задыхаясь от стыда, прорвался чрез два ряда кресел, ступил вперед и, обращаясь к моей тиранке, закричал прерывающимся от слез и негодования голосом:

celui de « Barbe-Bleue ». Voilà du moins tout ce qui m'est resté présent dans le souvenir, car moi-même je jouai un rôle dans toute cette escarmouche.

L'aventure m'arriva de la façon la plus ridicule et la plus inattendue. J'avais chassé tous mes mauvais soupçons et oublié mes anciennes précautions. Comme par un fait exprès, j'étais venu me placer en vue de tout le monde. L'attention générale fut tout à coup attirée sur moi ; notre belle blonde venait de me citer comme l'ennemi mortel et le rival juré de M. M*** : oui, j'étais follement épris de sa femme, mon tyran l'affirmait hautement et prétendait en avoir la preuve. Pas plus tard que le matin même, disait-elle, au bout du parc, elle avait vu…

Elle n'eut pas le temps d'achever : juste au moment où elle allait, peut-être, me placer dans une situation plus que critique, je lui coupai la parole. La perfide avait si cruellement calculé, si traîtreusement combiné la fin de son discours, que ce dénouement ridicule, si drôlement mis en scène, fut accueilli par un éclat de rire homérique.

Je devinais bien que dans toute cette comédie, ce n'était pas moi qui jouais le plus vilain rôle ; pourtant je me sentis si confus, si exaspéré, si effrayé, que, tout haletant de honte, le visage en pleurs, en proie au trouble et au désespoir le plus profond, je m'ouvris passage à travers les deux rangs de fauteuils pour me précipiter vers mon bourreau en criant suffoqué par les larmes et l'indignation :

— И не стыдно вам... вслух... при всех дамах... говорить такую худую... неправду?!.. вам, точно маленькой... при всех мужчинах... Что они скажут?.. вы — такая большая... замужняя!..

Но я не докончил, — раздался оглушительный аплодисмент. Моя выходка произвела настоящий furore. Мой наивный жест, мои слезы, а главное, то, что я как будто выступил защищать M-r M *, — всё это произвело такой адский смех, что даже и теперь, при одном воспоминании, мне самому становится ужасно смешно...

Я оторопел, почти обезумел от ужаса и, сгорев как порох, закрыв лицо руками, бросился вон, выбил в дверях поднос из рук входившего лакея и полетел наверх, в свою комнату. Я вырвал из дверей ключ, торчавший наружу, и заперся изнутри. Сделал я хорошо, потому что за мною была погоня. Не прошло минуты, как мои двери осадила целая ватага самых хорошеньких из всех наших дам. Я слышал их звонкий смех, частый говор, их заливавшиеся голоса; они щебетали все разом, как ласточки. Все они, все до одной, просили, умоляли меня отворить хоть на одну минуту; клялись, что не будет мне ни малейшего зла, а только зацелуют они меня всего в прах. Но... что ж могло быть ужаснее еще этой новой угрозы? Я только горел от стыда за моею дверью, спрятав в подушки лицо, и не отпер, даже не отозвался. Они еще долго стучались и молили меня, но я был бесчувствен и глух, как одиннадцатилетний.

— N'avez-vous pas honte... vous, de dire tout haut... devant toutes ces dames... une chose aussi invraisemblable... et aussi méchante ?... Vous parlez comme une petite fille... devant tous ces messieurs !... Que vont-ils dire ?... Vous, qui êtes grande... et mariée !...

Un tonnerre d'applaudissements m'empêcha d'achever. Ma violente sortie avait fait fureur. Mes gestes naïfs, mes larmes et surtout ce fait que j'avais l'air de prendre parti pour M. M***, tout cela avait provoqué une telle explosion de rires, que même aujourd'hui, en y pensant, j'en ris encore.

Frappé de stupeur, pris de vertige, je restais là, debout, rougissant, pâlissant tour à tour ; puis, tout à coup, le visage caché dans les mains, je me précipitai brusquement au dehors. Sans m'occuper d'un plateau que portait un domestique et que je renversai au passage, j'escaladai vivement les marches de l'escalier, et je me précipitai dans ma chambre, où je m'enfermai à double tour. J'avais bien fait, car on courait à ma poursuite. Une minute après, ma porte était assiégée par toute une collection de jolies femmes. J'entendais leur rire mélodieux, le murmure de leurs voix ; elles gazouillaient toutes à la fois, comme des hirondelles, me priant, me conjurant de leur ouvrir la porte, ne fût-ce qu'une seconde ; elles juraient qu'elles ne me feraient aucun mal, qu'elles me couvriraient seulement de baisers. Hélas !... quoi de plus terrible pour moi que cette nouvelle menace ? Dévoré de honte, derrière ma porte, le visage enfoui dans mes oreillers, je ne soufflais mot. Longtemps, elles restèrent à frapper et à me supplier de céder à leurs instances ; mais en dépit de mes onze ans, je restai insensible et sourd.

Ну, что ж теперь делать? всё открыто, всё обнаружилось, всё, что я так ревниво сберегал и таил... На меня падет вечный стыд и позор!..

По правде, я и сам не умел назвать того, за что так страшился и что хотел бы я скрыть; но ведь, однако ж, я страшился чего-то, за обнаружение этого чего-то я трепетал до сих пор как листочек.

Одного только я не знал до этой минуты, что оно такое: годится оно или не годится, славно или позорно, похвально или не похвально? Теперь же, в мучениях и насильной тоске, узнал, что оно смешно и стыдно! Инстинктом чувствовал я в то же время, что такой приговор и ложен, и бесчеловечен, и груб; но я был разбит, уничтожен; процесс сознания как бы остановился и запутался во мне; я не мог ни противостать этому приговору, ни даже обсудить его хорошенько: я был отуманен; слышал только, что мое сердце бесчеловечно, бесстыдно уязвлено, и заливался бессильными слезами. Я был раздражен; во мне кипели негодование и ненависть, которой я доселе не знал никогда, потому что только в первый раз в жизни испытал серьезное горе, оскорбление, обиду; и всё это было действительно так, без всяких преувеличений.

Qu'allais-je devenir ? Tout ce que je gardais dans le fond de mon cœur, tout ce que je cachais avec un soin jaloux, tout était découvert et mis à nu... Je me sentais couvert d'une confusion et dune ignominie éternelles !...

Je n'aurais vraiment pas su dire moi-même ce qui me faisait peur et ce que j'aurais voulu cacher ; mais pourtant il y avait quelque chose qui m'effrayait et qui me faisait trembler comme une feuille morte.

Jusqu'à ce moment, j'avais pu me demander si cela était avouable, digne d'éloges, et si l'on pouvait s'en vanter. Mais, à cette heure, dans mon angoisse et dans mon tourment, je sentais que c'était risible et honteux ! En même temps je comprenais par une sorte d'instinct qu'une telle manière de voir était fausse, cruelle et brutale ; mais j'étais tellement anéanti, j'avais la tête tellement en déroute, que tout raisonnement semblait s'être arrêté dans mon cerveau ; mes pensées étaient complètement brouillées. Je me sentais incapable de lutter contre la moindre idée ; déconcerté, le cœur mortellement blessé, je pleurais à chaudes larmes. De plus, j'étais fort irrité. L'indignation et la rancune bouillonnaient dans mon cœur ; jamais auparavant je n'avais éprouvé de semblables émotions, car c'était la première fois de ma vie que je ressentais un vrai chagrin et que je subissais un sérieux outrage. Tout ce que je raconte là est absolument vrai et sincère, et je suis sûr de ne rien exagérer.

Во мне, в ребенке, было грубо затронуто первое, неопытное еще, необразовавшееся чувство, был так рано обнажен и поруган первый, благоуханный, девственный стыд и осмеяно первое и, может быть, очень серьезное эстетическое впечатление. Конечно, насмешники мои многого не знали и не предчувствовали в моих мучениях.

Наполовину входило сюда одно сокровенное обстоятельство, которого сам я и не успел и как-то пугался до сих пор разбирать. В тоске и в отчаянии продолжал я лежать на своей постели, укрыв в подушки лицо; и жар и дрожь обливали меня попеременно. Меня мучили два вопроса: что такое видела и что именно могла увидать негодная блондинка сегодня в роще между мною и M-me M *? И, наконец, второй вопрос: как, какими глазами, каким средством могу я взглянуть теперь в лицо M-me M * и не погибнуть в ту же минуту, на том же месте от стыда и отчаяния.

Необыкновенный шум на дворе вызвал наконец меня из полубеспамятства, в котором я находился. Я встал и подошел к окну. Весь двор был загроможден экипажами, верховыми лошадьми и суетившимися слугами. Казалось, все уезжали; несколько всадников уже сидели на конях; другие гости размещались по экипажам... Тут вспомнил я о предстоявшей поездке, и вот, мало-помалу, беспокойство начало проникать в мое сердце; я пристально начал выглядывать на дворе своего клеппера; но клеппера не было — стало быть, обо мне позабыли.

Mes premiers sentiments romanesques, encore vagues et inexpérimentés, avaient été violemment choqués ; ma pudeur d'enfant, mise à nu, avait été froissée dans ce qu'elle avait de plus chaste et de plus délicat ; enfin on avait tourné en ridicule mon premier sentiment sérieux. Évidemment ceux qui se riaient de moi ne pouvaient ni connaître ni deviner mes tourments.

Une préoccupation secrète dont je n'avais pas eu le temps de me rendre compte et que je craignais d'examiner, contribuait beaucoup à augmenter mon chagrin. Couché sur mon lit, le visage enseveli dans mes oreillers, en proie à l'angoisse et au désespoir le plus profond, je me sentais tout le corps brûlant et glacé tour à tour pendant que mon esprit était bouleversé par les deux questions suivantes : Qu'avait pu remarquer le matin cette méchante blonde, dans mes rapports avec madame M*** ? Et d'autre part, comment pourrais-je désormais regarder en face madame M*** sans mourir de honte et de désespoir ?

Au dehors s'élevait un brouhaha extraordinaire, qui vint me secouer de ma torpeur ; je me levai pour courir à la fenêtre. Des équipages, des chevaux de selle, des domestiques allant et venant de tous côtés encombraient la cour. On se préparait au départ ; les cavaliers venaient de sauter en selle, et les autres invités s'installaient dans les voitures. Tout à coup, le souvenir de la partie de plaisir projetée me revint à la mémoire, et peu à peu une vague inquiétude envahit mon esprit. Je cherchai mon poney ; il n'était pas là ; donc j'avais été oublié.

Я не выдержал и опрометью побежал вниз, уж не думая ни о неприятных встречах, ни о недавнем позоре своем...

Грозная новость ожидала меня. Для меня на этот раз не было ни верховой лошади, ни места в экипаже: всё было разобрано, занято, и я принужден уступить другим. Пораженный новым горем, остановился я на крыльце и печально смотрел на длинный ряд карет, кабриолетов, колясок, в которых не было для меня и самого маленького уголка, и на нарядных наездниц, под которыми гарцевали нетерпеливые кони.

Один из всадников почему-то замешкался. Ждали Только его, чтоб отправиться. У подъезда стоял конь его, грызя удила, роя копытами землю, поминутно вздрагивая и дыбясь от испуга. Два конюха осторожно держали его под уздцы, и все опасливо стояли от него в почтительном отдалении.

В самом деле, случилось предосадное обстоятельство, по которому мне нельзя было ехать. Кроме того что наехали новые гости и разобрали все места и всех лошадей, заболели две верховые лошади, из которых одна была мой клеппер. Но не мне одному пришлось пострадать от этого обстоятельства: открылось, что для нового нашего гостя, того бледнолицего молодого человека, о котором я уже говорил, тоже нет верхового коня.

N'y tenant plus, je me précipitai à corps perdu dans la cour, en dépit de mon récent affront et sans souci des rencontres désagréables

Une mauvaise nouvelle m'attendait en bas ; pas de cheval pour moi, et dans les voitures plus une seule place disponible : tout était occupé par les grandes personnes ! Frappé par ce nouveau chagrin, je m'arrêtai sur le perron. Triste sort ! En être réduit à ne pouvoir contempler que de loin toute cette file de carrosses, de coupés, de calèches, où il ne restait pas le plus petit coin pour moi ! À suivre seulement des yeux ces élégantes amazones qui faisaient caracoler leurs coursiers impatients.

Un des cavaliers était en retard ; on n'attendait plus que lui pour se mettre en route. Près du perron, son cheval, mâchonnant son mors, creusait la terre de ses sabots, tout frémissant et se cabrant à chaque minute, plein d'effroi. Deux palefreniers le tenaient par la bride, avec précaution, et les curieux avaient soin de s'en tenir à une distance respectable.

Décidément, il fallait se résigner à rester au logis, puisque toutes les places dans les équipages étaient occupées, tous les chevaux de selle montés par les hôtes du château, récemment arrivés ; de plus, pour comble de malheur, deux chevaux, dont l'un était justement le mien, étaient tombés malades, de sorte que je n'étais pas seul à subir ce contretemps qui m'accablait. Un des nouveaux venus, – c'était précisément ce même jeune homme au teint mat dont j'ai parlé, – se trouvait lui-même sans monture.

Чтоб отвратить неприятность, хозяин наш принужден был прибегнуть к крайности: рекомендовать своего бешеного, невыезженного жеребца, прибавив, для очистки совести, что на нем никак нельзя ездить и что его давно уж положили продать за дикость характера, если, впрочем, найдется на него покупщик. Но предупрежденный гость объявил, что ездит порядочно, да и во всяком случае готов сесть на что угодно, только бы ехать.

Хозяин тогда промолчал, но теперь показалось мне, что какая-то двусмысленная и лукавая улыбка бродила на губах его. В ожидании наездника, похвалившегося своим искусством, он сам еще не садился на свою лошадь, с нетерпением потирал руки и поминутно взглядывал на дверь. Даже что-то подобное сообщилось и двум конюхам, удерживавшим жеребца и чуть не задыхавшимся от гордости, видя себя пред всей публикой при таком коне, который нет-нет да и убьет человека ни за что ни про что. Что-то похожее на лукавую усмешку их барина отсвечивалось и в их глазах, выпученных от ожидания и тоже устремленных на дверь, из которой должен был появиться приезжий смельчак. Наконец, и сам конь держал себя так, как будто тоже сговорился с хозяином и вожатыми: он вел себя гордо и заносчиво, словно чувствуя, что его наблюдают несколько десятков любопытных глаз,

Pour éviter toute espèce de reproches, notre hôte se vit forcé d'avoir recours à une ressource suprême : il donna l'ordre de mettre à la disposition du jeune homme un cheval fougueux et non dressé. Mais, par acquit de conscience, il crut de son devoir de le prévenir qu'il n'était pas possible de monter cet animal, dont le caractère était si mauvais que depuis longtemps il avait l'intention de le vendre. Le jeune cavalier, malgré cet avertissement, répondit qu'il montait passablement, et déclara qu'en définitive il était prêt à se mettre sur n'importe quel animal, ne voulant à aucun prix se priver de la partie de plaisir.

Notre hôte ne souffla mot, mais, aujourd'hui, je me souviens qu'un sourire fin et équivoque effleura ses lèvres. Il ne s'était pas mis lui-même en selle pour attendre le cavalier qui s'était vanté de son adresse, et, tout en se frottant les mains, il jetait à chaque instant des coups d'œil d'impatience du côté de la porte. Les deux palefreniers qui retenaient le cheval paraissaient animés du même sentiment ; ils étaient, de plus, tout gonflés d'orgueil en se sentant sous les regards de toute la société, près de cette bête magnifique qui, à chaque instant, cherchait à les renverser. L'expression pleine de malice du visage de leur maître semblait se refléter dans leurs yeux écarquillés où l'on devinait leur anxiété ; eux aussi regardaient fixement cette porte qui devait donner passage à l'audacieux cavalier. Le cheval, lui-même, paraissait être du complot, avec son maître et les palefreniers : il gardait une attitude fière et orgueilleuse, et semblait comprendre qu'une centaine de regards curieux étaient dirigés sur lui ;

и словно гордясь пред всеми зазорной своей репутацией, точь-в-точь как иной неисправимый повеса гордится своими весельными проделками. Казалось, он вызывал смельчака, который бы решился посягнуть на его независимость.

Этот смельчак наконец показался. Совестясь, что заставил ждать себя, и торопливо натягивая перчатки, он шел вперед не глядя, спустился по ступенькам крыльца и поднял глаза только тогда, когда протянул было руку, чтоб схватить за холку заждавшегося коня, но вдруг был озадачен бешеным вскоком его на дыбы и предупредительным криком всей испуганной публики. Молодой человек отступил и с недоумением посмотрел на дикую лошадь, которая вся дрожала как лист, храпела от злости и дико поводила налившимися кровью глазами, поминутно оседая на задние ноги и приподымая передние, словно собираясь рвануться на воздух и унести вместе с собою обоих вожатых своих. С минуту он стоял совсем озадаченный; потом, слегка покраснев от маленького замешательства, поднял глаза, обвел их кругом и поглядел на перепугавшихся дам.

— Конь очень хороший! — проговорил он как бы про себя, — и, судя по всему, на нем, должно быть, очень приятно ездить, но... но, знаете что? Ведь я-то не поеду, — заключил он, обращаясь к нашему хозяину с своей широкой, простодушной улыбкой, которая так шла к доброму и умному лицу его.

on eût dit qu'il voulait faire parade de sa méchante réputation, comme un incorrigible mauvais sujet. Il paraissait défier celui qui serait assez présomptueux pour vouloir attenter à sa liberté.

Notre jeune homme qui avait cette audace parut enfin. Tout confus de s'être fait attendre, il mit ses gants à la hâte, et s'avança sans rien regarder au tour de lui ; arrivé au bas des marches du perron, il leva les yeux, étendit la main et saisit la crinière du cheval écumant. Tout à coup il resta interdit à la vue de cette bête furieuse qui se cabrait et devant les clameurs éperdues de tous les assistants terrifiés. Le jeune homme recula et, tout perplexe, contempla l'animal indomptable qui tremblait comme la feuille et s'ébrouait de fureur ; ses yeux voilés de sang roulaient d'une manière farouche ; il s'affaissait sur ses jambes de derrière, battant l'air de celles de devant, cherchant à s'élancer et à s'échapper des mains des deux palefreniers. Le cavalier parut déconcerté ; puis il rougit légèrement, leva les yeux et regarda les dames épouvantées.

— Ce cheval est magnifique, murmura-t-il, et à en juger par l'apparence il doit être très-bon, mais... mais... savez-vous ? Ce n'est pas moi qui serai son cavalier, ajouta-t-il en s'adressant directement à notre hôte avec un sourire naïf et franc, qui allait si bien à sa bonne et intelligente physionomie.

— И все-таки я вас считаю превосходным ездоком, клянусь вам, — отвечал обрадованный владетель недоступного коня, горячо и даже с благодарностью пожимая руку своего гостя, — именно за то, что вы с первого раза догадались, с каким зверем имеете дело, — прибавил он с достоинством. — Поверите ли мне, я, двадцать три года прослуживший в гусарах, уже три раза имел наслаждение лежать на земле по его милости, то есть ровно столько раз, сколько садился на этого... дармоеда. Танкред, друг мой, здесь не по тебе народ; видно, твой седок какой-нибудь Илья Муромец и сидит теперь сиднем в селе Карачарове да ждет, чтоб у тебя выпали зубы. Ну, уведите его! Полно ему людей пугать! Напрасно только выводили, — заключил он, самодовольно потирая руки.

Нужно заметить, что Танкред не приносил ему ни малейшей пользы, только даром хлеб ел; кроме того, старый гусар погубил на нем всю свою бывалую ремонтерскую славу, заплатив баснословную цену за негодного дармоеда, который выезжал разве только на своей красоте... Все-таки теперь был он в восторге, что его Танкред не уронил своего достоинства, спешил еще одного наезднике и тем стяжал себе новые, бестолковые лавры.

— Как, вы не едете? — закричала блондинка, которой непременно нужно было, чтоб ее cavalier servant на этот раз был при ней. — Неужели вы трусите?

— Eh, parbleu ! je vous tiens quand même comme un excellent écuyer, répondit, tout joyeux, le possesseur de l'indomptable bête, en serrant fortement avec une sorte de reconnaissance la main de son hôte ; — car, du premier coup d'œil, vous avez compris à quel animal vous aviez affaire, ajouta-t-il avec emphase. Figurez-vous que moi, ancien hussard, j'ai eu, grâce à lui, le plaisir d'être jeté à terre par trois fois, c'est-à-dire autant de fois que j'ai essayé de monter ce... fainéant. Allons ! Tancrède, il paraît qu'il n'y a personne ici qui soit fait pour toi, mon camarade ; ton cavalier doit être quelque Élié Mourometz[1], qui n'attend que le jour où tu n'auras plus de dents. Eh bien ! qu'on l'emmène. Qu'il cesse de faire trembler les dames ! Allons ! décidément, il était bien inutile de le faire sortir de sa stalle.

Tout en parlant, notre hôte se frottait les mains et paraissait tout satisfait de lui-même. Remarquez que Tancrède ne lui rendait pas le plus petit service, qu'il lui occasionnait seulement des dépenses ; que, de plus, l'ancien hussard avait perdu sa vieille réputation de brillant cavalier avec ce magnifique animal, ce fainéant, comme il l'appelait, qu'il avait payé un prix fabuleux et qui n'avait pour lui que sa beauté. Il se sentait transporté de joie, car son Tancrède, en refusant encore une fois de se laisser monter, avait conservé son prestige et prouvé de nouveau son inutilité.

— Comment ! vous n'allez pas venir avec nous ? s'écria la belle blonde qui voulait absolument que son cavalier servant restât auprès d'elle. Est-ce que vraiment vous auriez peur ?

---

1. Héros d'une légende russe.

— Ей-богу же так! — отвечал молодой человек.

— И вы говорите серьезно?

— Послушайте, неужели ж вам хочется, чтоб я сломал себе шею?

— Так садитесь же скорей на мою лошадь: не бойтесь, она пресмирная. Мы не задержим; вмиг пересядлают! Я попробую взять вашу; не может быть, чтоб Танкред всегда был такой неучтивый.

Сказано — сделано!

Шалунья выпрыгнула из седла и договорила последнюю фразу, уже остановясь перед нами.

— Плохо ж вы знаете Танкреда, коли думаете, что он позволит оседлать себя вашим негодным седлом! Да и вас я не пущу сломать себе шею; это, право, было бы жалко! — проговорил наш хозяин, аффектируя, в эту минуту внутреннего довольства, по своей всегдашней привычке, и без того уже аффектированную и изученную резкость и даже грубость своей речи, что, по его мнению, рекомендовало добряка, старого служаку и особенно должно было нравиться дамам. Это была одна из его фантазий, его любимый, всем нам знакомый конек.

— Mais oui, certainement, répondit le jeune homme.

— Et vous parlez sérieusement ?

— Voyons ! madame, voulez-vous que je me fasse casser le cou ?

— Eh bien, dans ce cas, je vous cède mon cheval : n'ayez aucune crainte, il est fort tranquille. D'ailleurs, nous ne retiendrons personne : les selles vont être changées en un clin d'œil ! Je vais essayer de monter votre cheval ; j'ai peine à croire que Tancrède soit peu galant !

Aussitôt dit, aussitôt fait !

L'étourdie sauta à terre, et vint se camper devant nous en achevant sa dernière phrase.

— Ah ! que vous connaissez peu Tancrède, si vous vous imaginez qu'il va se laisser mettre votre méchante petite selle ! s'écria vivement notre hôte. Au surplus, je ne permettrai pas que ce soit vous qui vous cassiez le cou ; cela serait vraiment dommage !...

Dans ses moments de satisfaction, il prenait volontiers plaisir à exagérer encore son brusque parler rude et libre de vieux soldat ; car, dans son idée, ce ton lui donnait un air bon enfant qui devait plaire aux dames. C'était là un petit travers et son dada familier.

— Ну-тка ты, плакса, не хочешь ли попробовать? тебе же так хотелось ехать, — сказала храбрая наездница, заметив меня, и, поддразнивая, кивнула на Танкреда — собственно для того, чтоб не уходить ни с чем, коли уж даром пришлось встать с коня, и не оставить меня без колючего словца, коли уж я сам оплошал, на глаза подвернулся.

— Ты, верно, не таков, как... ну, да что говорить, известный герой и постыдишься струсить; особенно когда на вас будут смотреть, прекрасный паж, — прибавила она, бегло взглянув на M-me M *, экипаж которой был ближе всех от крыльца.

Ненависть и чувство мщения заливали мое сердце, когда прекрасная амазонка подошла к нам в намерении сесть на Танкреда... Но не могу рассказать, что ощутил я при этом неожиданном вызове школьницы. Я как будто света невзвидел, когда поймал ее взгляд на M-me M *. Вмиг в голове у меня загорелась идея... да, впрочем, это был только миг, менее чем миг, как вспышка пороха, или уж переполнилась мера, и я вдруг теперь возмутился всем воскресшим духом моим, да так, что мне вдруг захотелось срезать наповал всех врагов моих и отмстить им за всё и при всех, показав теперь, каков я человек; или, наконец, каким-нибудь дивом научил меня кто-нибудь в это мгновение средней истории, в которой я до сих пор еще не знал ни аза,

— Eh bien, toi, jeune pleurnicheur, toi, qui avais si grande envie de monter à cheval, ne veux-tu pas essayer ? me dit la vaillante amazone, en m'indiquant Tancrède de la tête.

Mécontente de s'être dérangée inutilement, elle ne voulait pas se retirer sans m'adresser quelque mot blessant, sans me décocher quelque trait piquant, pour me punir de la bévue que je venais de commettre en me plaçant directement sous ses yeux.

— Certainement, tu ne ressembles pas à… mais laissons cela !… Tu es un fameux héros, et tu sauras, je l'espère, prendre courage, surtout, beau page, quand vous vous sentirez admiré, ajouta-t-elle, en jetant un coup d'œil du côté de madame M***, dont la voiture se trouvait tout près du perron.

Lorsque la belle amazone s'était approchée de nous avec l'intention de monter Tancrède, j'avais déjà éprouvé contre elle un vif sentiment de haine et de rancune. Mais je ne puis analyser l'impression que je ressentis lorsque cette terrible enfant m'adressa tout à coup ce défi, et surtout lorsque je saisis au vol l'œillade qu'elle lançait dans la direction de madame M***. En une seconde, ma tête se trouva en pleine ébullition ; oui, il ne fallut qu'une seconde, pas même une seconde, car la mesure était comble ; ce fut comme une explosion ; mon intelligence ranimée se révolta, et à ce moment il me vint dans l'esprit l'idée de faire quelque coup de tête, de montrer à tous qui j'étais, et de me venger ainsi de tous mes ennemis. On eût dit que, par une sorte de miracle, l'histoire du moyen âge, dont cependant je n'avais encore aucune idée,

и в закружившейся голове моей замелькали турниры, паладины, герои, прекрасные дамы, слава и победители, послышались трубы герольдов, звуки шпаг, крики и плески толпы, и между всеми этими криками один робкий крик одного испуганного сердца, который нежит гордую душу слаще победы и славы, — уж не знаю, случился ли тогда весь этот вздор в голове моей или, толковее, предчувствие этого еще грядущего и неизбежного вздора, но только я услышал, что бьет мой час. Сердце мое вспрыгнуло, дрогнуло, и сам уж не помню, как в один прыжок соскочил я с крыльца и очутился подле Танкреда.

— А вы думаете, что я испугаюсь? — вскрикнул я дерзко и гордо, невзвидев света от своей горячки, задыхаясь от волнения и закрасневшись так, что слезы обожгли мне щеки. — А вот увидите! — И, схватившись за холку Танкреда, я стал ногой в стремя, прежде чем успели сделать малейшее движение, чтоб удержать меня; но в этот миг Танкред взвился на дыбы, взметнул головой, одним могучим скачком вырвался из рук остолбеневших конюхов и полетел как вихрь, только все ахнули да вскрикнули.

venait de m'être tout à coup révélée ; dans ma tête troublée se mirent à défiler tournois, paladins, héros, belles dames ; le cliquetis des épées, les exclamations et les applaudissements du peuple résonnaient à mes oreilles, et, parmi toutes ces clameurs, je croyais distinguer le cri timide d'un cœur effarouché. Une âme orgueilleuse se sent bien plus touchée par un semblable cri que par toutes les idées de gloire et de victoires. Je ne sais vraiment pas si, dans ce moment, mon esprit était dominé par ces chimères, ou plutôt par le pressentiment de ce futur galimatias auquel je n'ai pu échapper plus tard à l'école, mais j'entendis sonner mon heure. Mon cœur bondit, frémissant… D'un saut, je gravis les marches du perron et me trouvai à côté de Tancrède ; comment ? c'est ce dont je ne puis me rendre compte aujourd'hui.

— Ah ! vous croyez que je manque de courage ! m'écriai-je plein de témérité et d'orgueil. Je me sentais transporté de colère, je suffoquais d'émotion, et des larmes brûlaient mes joues écarlate. Eh bien, vous allez voir !

Avant qu'on ait pu faire un mouvement pour me retenir, j'avais saisi la crinière de Tancrède et mis le pied dans l'étrier. Brusquement, Tancrède se cabra, rejeta sa tête en arrière et, faisant un bond énergique, s'échappa des mains des palefreniers stupéfaits, et partit comme une flèche. Ce furent des cris et des exclamations.

Уж бог знает, как удалось мне занести другую ногу на всем лету; не постигаю также, каким образом случилось, что я не потерял поводов. Танкред вынес меня за решетчатые ворота, круто повернул направо и пустился мимо решетки зря, не разбирая дороги.

Только в это мгновение расслышал я за собою крик пятидесяти голосов, и этот крик отдался в моем замиравшем сердце таким чувством довольства и гордости, что я никогда не забуду этой сумасшедшей минуты моей детской жизни. Вся кровь мне хлынула в голову, оглушила меня и залила, задавила мой страх. Я себя не помнил. Действительно, как пришлось теперь вспомнить, во всем этом было как будто и впрямь что-то рыцарское.

Впрочем, всё мое рыцарство началось и кончилось менее чем в миг, не то рыцарю было бы худо. Да и тут я не знаю, как спасся. Ездить-то верхом я умел: меня учили. Но мой клеппер походил скорее на овцу, чем на верхового коня. Разумеется, я бы слетел с Танкреда, если б ему было только время сбросить меня; но, проскакав шагов пятьдесят, он вдруг испугался огромного камня, который лежал у дороги, и шарахнулся назад. Он повернулся на лету, но так круто, как говорится, очертя голову, что мне и теперь задача: каким образом я не выпрыгнул из седла, как мячик, сажени на три, и не разбился вдребезги, а Танкред от такого крутого поворота не сплечил себе ног.

Dieu seul pourrait savoir comment je parvins à passer mon autre jambe, à toute volée, par-dessus la selle sans lâcher les rênes. Tancrède m'emporta au delà de la porte cochère, tourna brusquement à droite, longea la grille, puis ensuite se dirigea au hasard.

Alors j'entendis derrière moi des clameurs qui éveillèrent dans mon cœur un tel sentiment d'orgueil et de satisfaction, qu'il me sera à jamais impossible d'oublier cette folie de mon enfance. Le sang me monta à la tête ; je fus assailli par un bourdonnement sourd ; toute ma timidité s'envola. Je ne me connaissais plus. Aujourd'hui que je repasse tout cet épisode dans ma mémoire, il me semble, vraiment, y trouver quelque chose de chevaleresque.

Au reste, ma chevalerie ne dura que quelques minutes : sans cela, mal en eût pris au chevalier. Je ne puis vraiment m'expliquer comment je pus échapper à quelque malheur. Je savais certainement monter à cheval : on m'avait donné des leçons d'équitation ; mais mon poney ressemblait plutôt à un agneau qu'à un cheval. Je suis donc intimement convaincu que Tancrède m'eût jeté à terre, s'il en avait eu le temps ; mais, au bout d'une cinquantaine de pas, une énorme pierre qui se trouvait au bord de la route lui fit prendre peur et faire un saut en arrière. Affolé, il tourna sur lui-même si violemment que maintenant encore je ne comprends pas comment je ne fus pas désarçonné, comment je n'eus pas les os rompus, ni même comment Tancrède, en pivotant si brusquement, ne se donna pas un écart.

Он бросился назад к воротам, яростно мотая головой, прядая из стороны в сторону, будто охмелевший от бешенства, взметывая ноги как попало на воздух и с каждым прыжком стрясая меня со спины, точно как будто на него вспрыгнул тигр и впился в его мясо зубами и когтями. Еще мгновение — и я бы слетел; я уже падал; но уже несколько всадников летело спасать меня.

Двое из них перехватили дорогу в поле; двое других подскакали так близко, что чуть не раздавили мне ног, стиснув с обеих сторон Танкреда боками своих лошадей, и Оба уже держали его за поводья.

Через несколько секунд мы были у крыльца.

Меня сняли с коня, бледного, чуть дышавшего. Я весь дрожал, как былинка под ветром, так же как и Танкред, который стоял, упираясь всем телом назад, неподвижно, как будто врывшись копытами в землю, тяжело выпуская пламенное дыхание из красных, дымящихся ноздрей, весь дрожа как лист мелкой дрожью и словно остолбенев от оскорбления и злости за ненаказанную дерзость ребенка. Кругом меня раздавались крики смятения, удивления, испуга.

В эту минуту блуждавший взгляд мой встретился со взглядом M-me M *, встревоженной, побледневшей, и — я не могу забыть этого мгновения — вмиг всё лицо мое облилось румянцем, зарделось, загорелось как огонь;

Rebroussant chemin, il s'élança vers la porte cochère ; il agitait furieusement sa tête, se démenait comme un possédé, se cabrait et s'efforçait, à chaque nouveau bond, de me culbuter, comme s'il avait eu sur le dos un tigre se cramponnant à lui, et le déchirant de ses dents et de ses griffes. Une seconde de plus, et j'aurais été précipité à terre ; je glissais même déjà, quand je vis accourir à mon secours plusieurs cavaliers.

Les deux premiers me coupèrent le chemin du côté des champs ; les deux autres, au risque de m'écraser les jambes, serrèrent Tancrède de si près, des flancs de leurs chevaux, qu'ils purent enfin le saisir par la bride.

Quelques instants après, nous étions auprès du perron.

On m'enleva de selle tout pâle et respirant à peine. Je tremblais, comme un brin d'herbe agité par le vent ; quant à Tancrède, s'affaissant de tout son poids sur ses jambes de derrière, il se tenait immobile, les sabots profondément enfoncés dans le sol ; un souffle brûlant s'échappait de ses naseaux rouges et fumants ; il était secoué par un frisson comme une feuille morte, stupéfait d'un tel affront et plein de rancune contre cet enfant dont l'audace restait impunie. On s'agitait autour de moi, en jetant des cris d'admiration et de surprise.

Tout à coup mon regard égaré rencontra celui de madame M***, toute pâle et tout émue ; alors, – je n'oublierai jamais cette minute, – une rougeur subite me monta au visage et couvrit mes joues brûlantes ;

я уж не знаю, что со мной сделалось, но, смущенный и испуганный собственным своим ощущением, я робко опустил глаза в землю. Но мой взгляд был замечен, пойман, украден у меня. Все глаза обратились к M-me M *, и, застигнутая всеобщим вниманием врасплох, она вдруг сама, как дитя, закраснелась от какого-то противовольного и наивного чувства и через силу, хотя весьма неудачно, старалась подавить свою краску смехом...

Всё это, если взглянуть со стороны, конечно, было очень смешно; но в это мгновение одна пренаивная и нежданная выходка спасла меня от всеобщего смеха, придав особый колорит всему приключению.

Виновница всей суматохи, та, которая до сих пор была непримиримым врагом моим, прекрасная тиранка моя, вдруг бросилась ко мне обнимать и целовать меня. Она смотрела, не веря глазам своим, когда я осмелился принять ее вызов и поднять перчатку, которую она бросила мне, взглянув на M-me M *. Она чуть не умерла за меня от страха и укоров совести, когда я летал на Танкреде; теперь же, когда всё было кончено и особенно когда она поймала, вместе с другими, мой взгляд, брошенный на M-me M *, мое смущение, мою внезапную краску, когда, наконец, удалось ей придать этому мгновению, по романтическому настроению своей легкодумной головки, какую-то новую, потаенную, недосказанную мысль, — теперь, после всего этого, она пришла в такой восторг от моего «рыцарства», что бросилась ко мне и прижала меня к груди своей, растроганная, гордая за меня, радостная.

ce que j'éprouvai alors, je ne saurais le dire ; tout troublé par mes propres sentiments, je baissai timidement les yeux. Mais mon regard avait été remarqué et saisi. Tous les yeux se tournèrent vers madame M***, qui, prise à l'improviste, se sentit elle aussi rougir comme une enfant ; dominée par un sentiment naïf et involontaire, elle voulut s'efforcer maladroitement de dissimuler sa rougeur sous un sourire.

Que toute cette scène devait être drôle pour ceux qui en étaient témoins ! Enfin, à ce moment, l'attention générale fut détournée par un mouvement singulier et inattendu, ce qui m'empêcha de devenir le sujet de la risée générale.

Celle qui avait été jusque-là ma mortelle ennemie, qui avait été cause de tout ce tumulte, mon beau tyran, s'élança vers moi et me couvrit de baisers. En me voyant accepter son défi et ramasser le gant qu'elle m'avait jeté, elle n'avait pu en croire ses yeux. Mais quand elle me vit emporté par Tancrède, accablée par les remords, elle était presque morte de 'frayeur. Maintenant que tout était fini, maintenant surtout qu'elle avait surpris le coup d'œil lancé vers madame M***, mon trouble et ma rougeur subite, maintenant que, grâce aux idées romanesques de sa tête folle, elle pouvait prêter quelque nouveau sens secret et vague à mes pensées, sa joie éclata si vive, devant cet acte chevaleresque, que, toute fière, ravie et profondément touchée, elle s'élança vers moi et me serra contre sa poitrine.

Через минуту она подняла на всех толпившихся около нас обоих самое наивное, самое строгое личико, на котором дрожали и светились две маленькие хрустальные слезинки, и серьезным, важным голоском, какого от нее никогда не слыхали, сказала, указав на меня: «*Mais c'est très sérieux, messieurs, ne riez pas*»![1] — не замечая того, что все стоят перед нею как завороженные, залюбовавшись на ее светлый восторг. Всё это неожиданное, быстрое движение ее, это серьезное личико, эта простодушная наивность, эти не подозреваемые до сих пор сердечные слезы, накипевшие в ее вечно смеющихся глазках, были в ней таким неожиданным дивом, что все стояли перед нею как будто наэлектризованные ее взглядом, скорым, огневым словом и жестом. Казалось, никто не мог свести с нее глаз, боясь опустить эту редкую минуту в ее вдохновенном лице. Даже сам хозяин наш покраснел как тюльпан, и уверяют, будто бы слышали, как он потом признавался, что, «к стыду своему», чуть ли не целую минуту был влюблен в свою прекрасную гостью.

Ну, уж разумеется, что после всего этого я был рыцарь, герой.

— Делорж! Тогенбург! — раздавалось кругом.

Послышались рукоплескания.

— Ай да грядущее поколение! — прибавил хозяин.

---

1. Но это очень серьезно, господа, не смейтесь! (*франц.*).

Au bout d'une minute, levant ses yeux, à la fois naïfs et sévères, où tremblaient deux larmes brillantes comme deux diamants, elle s'écria d'une voix grave et solennelle que nous ne lui avions jamais entendue :

— Ne riez pas, messieurs ; c'est très sérieux ![1]

Elle parlait ainsi sans remarquer que tout le monde autour d'elle, transfiguré comme par enchantement, se tenait immobile, admirant son noble enthousiasme. Cet élan si vif et si imprévu, ce visage grave, cette naïveté sincère, ces larmes venant du cœur, qu'on n'avait jamais jusqu'alors entrevues dans ses yeux constamment rieurs, tout cela était si émouvant, qu'on se sentait comme électrisé par son regard, son' geste et sa parole vive et ardente. Personne n'osait détacher les yeux de ce spectacle ; chacun craignait de perdre un mouvement de cette expression inspirée, si rare sur cette physionomie. Notre hôte lui-même était devenu rouge comme une pivoine, et plus tard on l'entendit avouer, dit-on, que, pendant une minute, il s'était senti follement épris de la dame.

Il va sans dire qu'après un tel événement j'étais un chevalier, un héros.

— Délorges ! Togenbourg !... criait-on de tous côtés.

Tout le monde m'applaudissait.

— Voilà comment est la nouvelle génération ! déclarait notre hôte.

---

1. En français dans le texte.

— Но он поедет, он непременно поедет с нами! — закричала красавица. — Мы найдем и должны найти ему место. Он сядет рядом со мною, ко мне на колени... иль нет, нет! я ошиблась!.. — поправилась она, захохотав и будучи не в силах удержать своего смеха при воспоминании о нашем первом знакомстве.

Но, хохоча, она нежно гладила мою руку, всеми силами стараясь меня заласкать, чтоб я не обиделся.

— Невременно! непременно! — подхватили несколько голосов. — Он должен ехать, он завоевал себе место.

И мигом разрешилось дело. Та самая старая дева, которая познакомила меня с блондинкой, тотчас же была засыпана просьбами всей молодежи остаться дома и уступить мне свое место, на что и принуждена была согласиться, к своей величайшей досаде, улыбаясь и втихомолку шипя от злости. Ее протектриса, около которой витала она, мой бывший враг и недавний друг, кричала ей, уже Галопируя на своем резвом коне и хохоча, как ребенок, что завидует ей и сама бы рада была с ней остаться, потому что сейчас будет дождь и нас всех перемочит.

И она точно напророчила дождь. Через час поднялся целый ливень, и прогулка наша пропала. Пришлось переждать несколько часов сряду в деревенских избах и возвращаться домой уже в десятом часу, в сырое, последождевое время.

— Mais il viendra ! il doit absolument venir avec nous ! s'écria la belle blonde. Nous lui trouverons, nous devons lui trouver une place... Il s'assiéra avec moi, sur mes genoux... ah ! non... pardon !... je me suis trompée ! reprit-elle en riant aux éclats, sans pouvoir se contenir, au souvenir de notre première rencontre.

Mais, tout en riant, elle me caressait doucement la main et me câlinait, pour m'ôter toute idée d'offense.

— Certainement, certainement ! — ce fut un cri général ; — il doit venir avec nous, il a bien mérité une place !

La chose fut arrangée en un clin d'œil. Toute la jeunesse supplia aussitôt la vieille fille, celle-là même qui avait été la cause de notre connaissance avec la jolie blonde, de me céder sa place ; elle fut obligée d'y consentir en souriant de dépit et en suffoquant intérieurement de colère. Sa protectrice, mon ex-ennemie devenue ma nouvelle amie, autour de laquelle elle tournait sans cesse, lui cria du haut de sa selle, tout en galopant sur son fringant coursier et en riant comme une enfant, qu'elle enviait son sort et qu'elle serait bien heureuse de pouvoir lui tenir compagnie, car elle prévoyait une averse qui allait arroser toute la société.

Sa prophétie se réalisa effectivement : une heure après il pleuvait à torrents, et notre excursion était manquée. Pendant plusieurs heures, nous fûmes obligés d'attendre avec patience dans des chaumières de paysans ; ce ne fut que vers les dix heures que la pluie cessa et que nous pûmes reprendre le chemin de la maison.

У меня началась маленькая лихорадка. В ту самую минуту, как надо было садиться и ехать, M-me M * подошла ко мне и удивилась, что я в одной курточке и с открытой шеей. Я отвечал, что не успел захватить с собою плаща. Она взяла булавку и, зашпилив повыше сборчатый воротничок моей рубашки, сняла с своей шеи газовый пунцовый платочек и обвязала мне шею, чтоб я не простудил горла. Она так торопилась, что я даже не успел поблагодарить ее.

Но когда приехали домой, я отыскал ее в маленькой гостиной, вместе с блондинкой и с бледнолицым молодым человеком, который стяжал сегодня славу наездника тем, что побоялся сесть на Танкреда. Я подошел благодарить и отдать платок. Но теперь, после всех моих приключений, мне было как будто чего-то совестно; мне скорее хотелось уйти наверх и там, на досуге, что-то обдумать и рассудить. Я был переполнен впечатлениями. Отдавая платок, я, как водится, покраснел до ушей.

— Бьюсь об заклад, что ему хотелось удержать платок у себя, — сказал молодой человек засмеявшись, — по глазам видно, что ему жаль расстаться с вашим платком.

— Именно, именно так! — подхватила блондинка. — Экой! ах!.. — проговорила она, с приметной досадой и покачав головой, но остановилась вовремя перед серьезным взглядом M-me M *, которой не хотелось заводить далеко шутки.

Lorsque nous dûmes repartir et remonter en voiture, je me sentis un peu de fièvre. À ce moment, madame M*** s'approcha de moi et s'étonna de me voir en simple veston, la gorge découverte. Je lui avouai que j'avais oublié mon manteau. Elle prit alors une épingle avec laquelle elle ferma le col de ma chemise, puis, détachant de son cou un petit fichu de gaze rouge, elle m'en entoura la gorge pour me préserver du froid. Tout cela se fit si rapidement que je n'eus même pas le temps de la remercier.

Quelques instants après notre retour, je la retrouvai dans le petit salon avec la jolie blonde et le jeune homme au teint mat qui s'était acquis le matin la réputation d'un bon cavalier, tout en refusant de monter Tancrède. Je me dirigeai vers madame M*** pour la remercier et lui rendre son fichu rouge. Mais après tous les incidents de ta journée, j'étais si troublé que j'éprouvai le besoin de m'en aller dans ma chambre méditer et réfléchir. Toutes sortes d'idées m'obsédaient ; de sorte qu'en lui remettant son fichu, je me sentis rougir jusqu'aux oreilles.

— Il a grande envie de le garder, je vous jure, dit le jeune homme en riant : je vois dans ses yeux qu'il a bien de la peine à vous le restituer.

— Oui, oui, vous avez raison ! s'écria la jolie blonde. Eh bien, toi !…ajouta-t-elle d'un ton qui jouait l'indignation et tout en hochant la tête ; mais elle s'arrêta devant le regard sérieux de madame M*** qui semblait vouloir couper court à toute plaisanterie.

Я поскорее отошел.

— Ну, какой же ты! — заговорила школьница, нагнав меня в другой комнате и дружески взяв за обе руки. — Да ты бы просто не отдавал косынки, если тебе так хотелось иметь ее. Сказал был, что где-нибудь положил, и дело с концом. Какой же ты! этого не умел сделать! Экой смешной!

И тут она слегка ударила меня пальцем по подбородку, засмеявшись тому, что я покраснел как мак:

— Ведь я твой друг теперь, — так ли? Кончена ли наша вражда, а? да или нет?

Я засмеялся и молча пожал ее пальчики.

— Ну, то-то же!.. Отчего ты так теперь бледен и дрожишь? У тебя озноб?

— Да, я нездоров.

— Ах, бедняжка! это у него от сильных впечатлений! Знаешь что? иди-ка лучше спать, не дожидаясь ужина, и за ночь пройдет. Пойдем.

Она отвела меня наверх, и казалось, уходам за мною не будет конца. Оставив меня раздеваться, она сбежала вниз, достала мне чаю и принесла его сама, когда уже я улегся. Она принесла мне тоже теплое одеяло.

Je m'esquivai rapidement.

— Oh ! que tu es nigaud ! continua l'espiègle, qui me rejoignait dans la chambre voisine, — elle serrait amicalement mes deux mains dans les siennes ; — si tu tenais absolument à garder ce fichu, il ne fallait pas le lui rendre ; tu n'avais qu'à lui dire que tu l'avais égaré ; voilà tout ! Ah ! tu n'as pas su t'y prendre !… Petit maladroit !

En terminant, elle me donna une légère tape sur la joue et se mit à rire en me voyant devenir rouge comme un coquelicot.

— Je suis ton amie maintenant ? Il n'y a plus d'inimitié entre nous, n'est-ce pas ?

Je lui répondis par un sourire et lui serrai la main en silence.

— Eh bien, il ne faut plus l'oublier ! Mais pourquoi trembles-tu ? Pourquoi es- tu si pâle ? Aurais-tu la fièvre ?

— Oui, je suis indisposé.

— Ah ! pauvre petit ! tu as eu trop d'émotions aujourd'hui ! Vois-tu, il faut aller te coucher avant le souper, et de main tu n'auras plus de fièvre. Allons, viens !

Elle m'entraîna dans ma chambre en m'accablant de tendresses. Pendant que je me déshabillais, elle s'éloigna un moment, courut en bas, me fit verser du thé et me l'apporta elle-même dans mon lit. En même temps, elle m'enveloppait d'une chaude couverture.

Меня очень поразили и растрогали все эти уходы и заботы обо мне, или уж я был так настроен целым днем, поездкой, лихорадкой; но, прощаясь с нею, я крепко и горячо ее обнял, как самого нежного, как самого близкого друга, и уж тут все впечатления разом прихлынули к моему ослабевшему сердцу; я чуть не плакал, прижавшись к груди ее. Она заметила мою впечатлительность, и, кажется, моя шалунья сама была немного тронута...

— Ты предобрый мальчик, — прошептала она, смотря на меня тихими глазками, — пожалуйста же, не сердись на меня, а? не будешь?

Словом, мы стали самыми нежными, самыми верными друзьями.

Было довольно рано, когда я проснулся, но солнце заливало уже ярким светом всю комнату. Я вскочил с постели, совершенно здоровый и бодрый, как будто и не бывало вчерашней лихорадки, вместо которой теперь ощущал я в себе неизъяснимую радость.

Я вспомнил вчерашнее и почувствовал, что отдал бы целое счастье, если б мог в эту минуту обняться, как вчера, с моим новым другом, с белокурой нашей красавицей; но еще было очень рано и все спали. Наскоро одевшись, сошел я в сад, а оттуда в рощу. Я пробирался туда, где гуще зелень, где смолистее запах деревьев и куда веселее заглядывал солнечный луч, радуясь, что удалось там и сям пронизать мглистую густоту листьев. Было прекрасное утро.

Étaient-ce l'étonnement et la reconnaissance pour tant d'empressement et de soins ; ou bien était-ce la conséquence de toutes les angoisses de cette journée, de cette partie de plaisir, de cette fièvre, — car tout cela avait profondément agi sur mon pauvre cœur, — toujours est- il qu'en lui disant adieu, je l'enlaçai vigoureusement, comme ma meilleure et ma plus tendre amie, et je faillis fondre en larmes en me pressant sur son sein. Notre belle étourdie remarqua ma sensibilité, et de son côté fut tout émue...

—Tu es un bon garçon, murmura-t-elle, fixant sur moi des yeux attendris : tu ne m'en veux plus, n'est-ce pas ?...

À partir de ce moment nous fûmes les amis les plus tendres, les plus fidèles.

Il était encore de très-bonne heure le lendemain quand je m'éveillai, mais déjà ma chambre était tout inondée de soleil. Je sautai vivement hors de mon lit, me sentant tout à fait bien portant ; la fièvre de la veille était complètement oubliée, et j'éprouvais une joie inexprimable.

Tout ce qui s'était passé la veille me revint à la mémoire ; que n'aurais-je pas donné alors pour pouvoir encore une fois embrasser ma nouvelle amie, ma charmante blonde ? mais il était encore trop tôt ; tout le monde dormait. M'habillant à la hâte, je descendis au jardin et m'acheminai vers le parc. Je me glissai dans les endroits où la verdure était le plus touffue ; les arbres exhalaient un âcre parfum de résine ; les rayons du soleil qui pénétraient gaiement à travers le feuillage semblaient se réjouir de pouvoir percer par endroits la brume transparente qui montait des taillis. La matinée était superbe.

Незаметно пробираясь всё далее и далее, я вышел наконец на другой край рощи, к Москве-реке. Она текла шагов двести впереди, под горою. На противоположном берегу косили сено. Я засмотрелся, как целые ряды острых кос, с каждым взмахом косца, дружно обливались светом и потом вдруг опять исчезали, как огненные змейки, словно куда прятались; как срезанная с корня трава густыми, жирными грудками отлетала в стороны и укладывалась в прямые, длинные борозды.

Уж не помню, сколько времени провел я в созерцании, как вдруг очнулся, расслышав в роще, шагах от меня в двадцати, в просеке, которая пролегала от большой дороги к господскому дому, храп и нетерпеливый топот коня, рывшего копытом землю. Не знаю, заслышал ли я этого коня тотчас же, как подъехал и остановился всадник, или уж долго мне слышался шум, но только напрасно щекотал мне ухо, бессильный оторвать меня от моих мечтаний.

С любопытством вошел я в рощу и, пройдя несколько шагов, услышал голоса, говорившие скоро, но тихо. Я подошел еще ближе, бережно раздвинул последние ветви последних кустов, окаймлявших просеку, и тотчас же отпрянул назад в изумлении: в глазах моих мелькнуло белое знакомое платье

J'avançais toujours, sans me rendre compte de la direction que je suivais, lorsque je me trouvai à la lisière du parc, au bord de la Moskowa. Au pied de la colline, à deux cents pas de l'endroit où je me tenais, je voyais couler la rivière. On fauchait l'herbe sur la rive opposée, et je m'oubliai complètement dans la contemplation de ce spectacle ; à chaque mouvement si rapide des faucheurs, j'entrevoyais les faux tranchantes tantôt brillant au soleil, tantôt disparaissant tout à coup, semblables à des serpents de feu qui chercheraient à se cacher ; l'herbe coupée formait de gros tas et s'alignait en longs sillons réguliers.

Il me serait difficile de dire combien de temps je restai plongé dans cette sorte d'extase, mais tout à coup je revins à moi, en entendant tout près, à une vingtaine de pas, dans une percée du parc, frayée entre la grande route et la maison seigneuriale, l'ébrouement d'un cheval qui frappait la terre avec impatience, creusant le sol de ses sabots. Ce bruit que j'entendais provenait-il de l'arrivée même du cavalier ? ou ce bruit me chatouillait-il depuis longtemps déjà, mais vainement, les oreilles, sans pouvoir m'arracher à mes observations ? je l'ignore.

Poussé par la curiosité, je pénétrai dans le parc ; j'avais fait quelques pas, lorsque j'entendis parler rapidement à voix basse. Je me rapprochai, écartant soigneusement les derniers buissons bordant la trouée, mais je fis aussitôt un bond en arrière, tout décontenancé et tout surpris. Devant mes yeux se trouvait une robe blanche que je reconnus tout de suite,

и тихий женский голос отдался в моем сердце как музыка. Это была M-me M *. Она стояла возле всадника, который торопливо говорил ей с лошади, и, к моему удивлению, я узнал в нем Н — го, того молодого человека, который уехал от нас еще вчера поутру и о котором так хлопотал M-r M *. Но тогда говорили, что он уезжает куда-то очень далеко, на юг России, а потому я очень удивился, увидев его опять у нас так рано и одного с M-me M *.

Она была одушевлена и взволнована, как никогда еще я не видал ее, и на щеках ее светились слезы. Молодой человек держал ее за руку, которую целовал, нагибаясь с седла. Я застал уже минуту прощанья. Кажется, они торопились. Наконец он вынул из кармана запечатанный пакет, отдал его M-me M *, обнял ее одною рукою, как и прежде, не сходя с лошади, и поцеловал крепко и долго. Мгновение спустя он ударил коня и промчался мимо меня как стрела. M-me M * несколько секунд провожала его глазами, потом задумчиво и уныло направилась к дому. Но, сделав несколько шагов по просеке, вдруг как будто очнулась, торопливо раздвинула кусты и пошла через рощу.

Я пошел вслед за нею, смятенный и удивленный всем тем, что увидел. Сердце мое билось крепко, как от испуга. Я был как оцепенелый, как отуманенный; мысли мои были разбиты и рассеяны; но помню,

et j'entendis une voix douce qui résonna comme une musique dans mon cœur. C'était madame M***. Elle se tenait tout près d'un cavalier qui lui parlait à la hâte du haut de sa selle. Quelle fut ma stupéfaction ! ce cavalier n'était autre que N***, ce même jeune homme qui nous avait quittés la veille dans la matinée, et dont le départ avait attiré les sarcasmes de M. M***. La veille il nous avait annoncé qu'il s'en allait très-loin, au sud de la Russie ; aussi jugez de mon étonnement en le revoyant à cette heure, seul avec madame M***.

Quant à elle, l'émotion qui l'agitait la rendait méconnaissable ; de grosses larmes roulaient sur ses joues. Le jeune homme, penché sur sa selle, tenait sa main qu'il couvrait de baisers. Évidemment, je ne surprenais que l'instant des adieux, car ils avaient tous deux l'air de se hâter. À la fin il sortit de sa poche une enveloppe cachetée qu'il remit à madame M***, puis entourant de ses bras la jeune femme, il lui donna, toujours sans quitter la selle, un long baiser passionné. Une minute après, cravachant son cheval, il passait devant moi comme une flèche. Pendant quelques instants, madame M*** le suivit du regard, puis, triste et pensive, s'achemina vers la maison. Mais à peine avait-elle fait quelques pas dans la percée que, se remettant peu à peu de son trouble, elle écarta les branches du taillis et poursuivit sa route à travers le parc.

Je la suivais de près, stupéfait de tout ce que je venais de voir. Mon cœur battait violemment, j'étais épouvanté, pétrifié, abasourdi ; toutes mes idées étaient complètement troublées ; cependant, je me souviens

что было мне отчего-то то ужасно грустно. Изредка мелькало передо мною сквозь зелень ее белое платье. Машинально следовал я за нею, не упуская ее из вида, но трепеща, чтоб она меня не заметила.

Наконец она вышла на дорожку, которая вела в сад. Переждав с полминуты, вышел и я; но каково же было мое изумление, когда вдруг заметил я на красном песке дорожки запечатанный пакет, который узнал с первого взгляда, — тот самый, который десять минут назад был вручен M-me M *.

Я поднял его: со всех сторон белая бумага, никакой подписи; на взгляд — небольшой, но тугой и тяжелый, как будто в нем было листа три и более почтовой бумаги.

Что значит этот пакет? Без сомнения, им объяснилась бы вся эта тайна. Может быть, в нем досказано было то, чего не надеялся высказать Н—ой за короткостью торопливого свидания. Он даже не сходил с лошади... Торопился ли он, или, может быть, боялся изменить себе в час прощания, — бог знает...

Я остановился, не выходя на дорожку, бросил на нее пакет на самое видное место и не спускал с него глаз, полагая, что M-me M * заметит потерю, воротится, будет искать.

Но, прождав минуты четыре, я не выдержал, поднял опять свою находку, положил в карман и пустился догонять M-me M *. Я настиг ее уже в саду, в большой аллее; она шла прямо домой, скорой и торопливой походкой, но задумавшись и потупив глаза в землю.

parfaitement de la tristesse qui m'envahissait. Par moments, à travers les taillis, j'entrevoyais sa robe blanche et je la suivais machinalement des yeux sans la perdre de vue et tout en me dissimulant de mon mieux.

Elle prit enfin le sentier qui conduisait au jardin. J'attendis un instant pour faire de même. Mais quelle fut ma surprise, lorsque j'aperçus sur le sable rouge de l'allée un paquet cacheté que du premier coup d'œil je reconnus pour celui qu'on venait de remettre à madame M*** un quart d'heure auparavant.

Vivement je le ramassai : l'enveloppe ne portait pas d'adresse ; il était tout petit, mais assez pesant, et devait contenir au moins trois feuilles de papier à lettre.

Que signifiait ce paquet ? Il renfermait certainement dans ses plis un secret. N*** avait-il achevé d'y avouer tout ce que la rapidité du départ ne lui avait pas permis de dire dans ce trop court rendez-vous ? Car, soit qu'il fût vraiment pressé, soit qu'il ait craint de se trahir au dernier moment, il n'avait même pas pris le temps de mettre pied à terre.

Je m'arrêtai au bord du sentier et j'y jetai l'enveloppe à l'endroit le plus apparent, sans le quitter des yeux et dans l'espoir que madame M***, s'apercevant de sa perte, reviendrait sur ses pas.

Mais au bout de quelques instants, comme elle ne se retournait pas, je ramassai ma trouvaille, et la serrant dans ma poche, je rattrapai madame M***. Elle était dans la grande allée du jardin et, rêveuse, le regard baissé, marchait rapidement vers la maison.

Я не знал, что делать. Подойти, отдать? Это значило сказать, что я знаю всё, видел всё. Я изменил бы себе с первого слова. И как я буду смотреть на нее? Как она будет смотреть на меня?.. Я всё ожидал, что она опомнится, хватится потерянного, воротится по следам своим. Тогда бы я мог, незамеченный, бросить пакет на дорогу, и она бы нашла его. Но нет! Мы уже подходили к дому; ее уже заметили...

В это утро, как нарочно, почти все поднялись очень рано, потому что еще вчера, вследствие неудавшейся поездки, задумали новую, о которой я и не знал. Все готовились к отъезду и завтракали на террасе.

Я переждал минут десять, чтоб не видели меня с M-me M*, и, обойдя сад, вышел к дому с другой стороны, гораздо после нее. Она ходила взад и вперед по террасе, бледная и встревоженная, скрестив на груди руки и, по всему было видно, крепясь и усиливаясь подавить в себе мучительную, отчаянную тоску, которая так и вычитывалась в ее глазах, в ее ходьбе, во всяком движении ее.

Иногда сходила она со ступенек и проходила несколько шагов между клумбами по направлению к саду; глаза ее нетерпеливо, жадно, даже неосторожно искали чего-то на песке дорожек и на полу террасы. Не было сомнения:

Que faire ? Je ne savais que résoudre. M'approcher d'elle et lui rendre son enveloppe ? C'était lui prouver que j'avais tout vu, que je savais tout. Dès le premier mot, je me serais trahi. Et ensuite comment aurais-je osé la regarder ? De quel œil me verrait-elle désormais ? Je conservais toujours l'espoir qu'elle s'apercevrait de sa perte et reviendrait en arrière. J'aurais pu, alors, jeter en cachette l'enveloppe au milieu du sentier et la lui faire ainsi retrouver. Mais non ! Nous étions sur le point d'entrer dans la cour, et d'ailleurs elle avait été aperçue...

Ce matin-là, justement, par une sorte de fatalité, tout le monde s'était levé de bonne heure, car la veille, après cette partie de plaisir manquée, on en avait organisé une autre, détail que j'ignorais encore. On se préparait au départ et l'on déjeunait sur la terrasse.

Pour ne pas me laisser voir en compagnie de madame M***, j'attendis à peu près dix minutes et je revins après avoir fait tout le tour du jardin. Quand je l'aperçus, elle marchait le long de la terrasse, pâle et inquiète, les bras croisés sur la poitrine ; on voyait qu'elle s'efforçait d'étouffer dans son cœur une morne et cruelle angoisse qui se trahissait dans son regard, dans sa démarche, dans chacun de ses mouvements.

Par moments, elle descendait les marches de la terrasse et faisait quelques pas entre les plates-bandes dans la direction du jardin ; ses regards, anxieux et impatients, erraient sur le sol, fouillant le sable des sentiers et de la terrasse. Plus de doute !

она хватилась потери и, кажется, думает, что обронила пакет где-нибудь здесь, около дома, — да, это так, и она в этом уверена!

Кто-то, а затем и другие заметили, что она бледна и встревожена. Посыпались вопросы о здоровье, досадные сетования; она должна была отшучиваться, смеяться, казаться веселою. Изредка взглядывала она на мужа, который стоял в конце террасы, разговаривая с двумя дамами, и та же дрожь, то же смущение, как и тогда, в первый вечер приезда его, охватывали бедную.

Засунув руку в карман и крепко держа в ней пакет, я стоял поодаль от всех, моля судьбу, чтоб M-me M * меня заметила. Мне хотелось ободрить, успокоить ее, хоть бы только взглядом; сказать ей что-нибудь мельком, украдкой. Но когда она случайно взглянула на меня, я вздрогнул и потупил глаза.

Я видел ее мучения и не ошибся. Я до сих пор не знаю этой тайны, ничего не знаю, кроме того, что сам видел и что сейчас рассказал. Эта связь, может быть, не такова, как о ней предположить можно с первого взгляда. Может быть, этот поцелуй был прощальный, может быть, он был последнею, слабой наградой за жертву, которая была принесена ее спокойствию и чести. Н—ой уезжал; он оставлял ее, может быть, навсегда.

elle avait constaté la disparition de l'enveloppe et pensait l'avoir laissée tomber quelque part près de la maison ! Oui, c'était là, évidemment, la cause de son angoisse !

Quelques-uns des invités remarquèrent sa pâleur et son trouble, et l'accablèrent aussitôt de questions sur sa santé, et de fâcheuses condoléances, auxquelles elle fut obligée de répondre en riant et en badinant ; car elle faisait tous ses efforts pour paraître gaie. Puis, par instants, elle jetait, à la dérobée, un regard inquiet sur son mari qui s'entretenait tranquillement avec deux dames dans un coin de la terrasse ; la pauvre femme semblait aussi troublée et aussi frémissante que le premier soir lors de l'arrivée de M. M***.

Au fond de ma poche, ma main serrait fortement la fameuse lettre, tandis que je me tenais à l'écart, faisant des vœux pour que le hasard dirigeât vers moi l'attention de madame M***. J'aurais voulu pouvoir l'encourager, la tranquilliser, ne fût-ce que du regard, lui chuchoter quelques mots en cachette… Mais lorsque je la voyais se tourner de mon côté, je frissonnais et baissais les yeux aussitôt.

Je distinguais nettement ses souffrances. Aujourd'hui encore, j'ignore quel pouvait être son secret, je ne sais rien de plus que ce dont je fus témoin et que je viens de raconter. Peut-être leur liaison n'était-elle pas ce qu'elle paraissait être au premier abord ? Peut-être leur baiser n'était-il qu'un baiser d'adieu, qu'une dernière et faible récompense en retour d'un sacrifice fait à la tranquillité et à l'honneur de la pauvre femme ? Peut-être N*** partait-il, s'éloignant pour toujours ?

Наконец, даже письмо это, которое я держал в руках, — кто знает, что оно заключало? Как судить и кому осуждать? А между тем, в этом нет сомнения, внезапное обнаружение тайны было бы ужасом, громовым ударом в ее жизни.

Я еще помню лицо ее в ту минуту: нельзя было больше страдать. Чувствовать, знать, быть уверенной, ждать, как казни, что через четверть часа, через минуту могло быть обнаружено всё; пакет кем-нибудь найден, поднят; он без надписи, его могут вскрыть, а тогда... что тогда? Какая казнь ужаснее той, которая ее ожидает? Она ходила между будущих судей своих. Через минуту их улыбавшиеся, льстивые лица будут грозны и неумолимы. Она прочтет насмешку, злость и ледяное презрение на этих лицах, а потом настанет вечная, безрассветная ночь в ее жизни...

Да, я тогда не понимал всего этого так, как теперь об этом думаю. Мог я только подозревать и предчувствовать да болеть сердцем за ее опасность, которую даже не совсем сознавал. Но, что бы ни заключалось в ее тайне, — теми скорбными минутами, которых я был свидетелем и которых никогда не забуду, было искуплено многое, если только нужно было что-нибудь искупить.

Enfin cette lettre que je tenais dans ma main, qui sait ce qu'elle pouvait contenir ? D'ailleurs, qui donc avait le droit de juger et de blâmer cette femme ? Cependant, j'avais le pressentiment que si l'on découvrait son secret, c'était comme un coup de foudre qui allait éclater dans son existence.

Je vois encore l'expression de son visage dans ce moment : il ne pouvait s'y peindre plus de souffrance. Évidemment elle se disait que, dans un quart d'heure, dans une minute peut-être, tout allait être découvert, que l'enveloppe serait trouvée, ramassée et ouverte, comme toutes celles qui ne portent pas d'adresse... et alors qu'adviendrait-il ? Est-il un supplice plus affreux que celui qui la menaçait ? Elle allait voir se dresser devant elle comme juges tous ces gens dont le visage en ce moment souriant et flatteur deviendrait aussitôt sévère et implacable ! Elle n'y trouverait plus qu'ironie cruelle, mépris glacial ; sa vie se changerait en une nuit éternellement sombre et obscure...

Toutes ces impressions, je ne les ressentais pas alors aussi vivement qu'aujourd'hui en y songeant. Je ne pouvais avoir à ce moment que des soupçons et des pressentiments, mais je souffrais en voyant le danger auquel elle était exposée sans toutefois le bien comprendre. Pauvre femme ! quel que fût son secret, par ces moments d'angoisse dont j'ai été témoin et qui ne s'effaceront jamais de ma mémoire, elle expiait toutes ses fautes, si tant est qu'elle en eût commis !

Но вот раздался веселый призыв к отъезду; все радостно засуетились; со всех сторон раздался резвый говор и смех. Через две минуты терраса опустела.

M-me M * отказалась от поездки, сознавшись наконец, что она нездорова. Но, слава богу, все отправились, все торопились, и докучать сетованиями, расспросами и советами было некогда. Немногие оставались дома. Муж сказал ей несколько слов; она отвечала, что сегодня же будет здорова, чтоб он не беспокоился, что ложиться ей не для чего, что она пойдет в сад, одна... со мною... Тут она взглянула на меня. Ничего не могло быть счастливее! Я покраснел от радости; через минуту мы были в дороге.

Она пошла по тем самым аллеям, дорожкам и тропинкам, по которым недавно возвращалась из рощи, инстинктивно припоминая свой прежний путь, неподвижно смотря перед собою, не отрывая глаз от земли, ища на ней, не отвечая мне, может быть забыв, что я иду вместе с нею.

Но когда мы дошли почти до того места, где я поднял письмо и где кончалась дорожка, M-me M * вдруг остановилась и слабым, замиравшим от тоски голосом сказала, что ей хуже, что она пойдет домой. Но, дойдя до решетки сада, она остановилась опять,

Le signal du départ fut donné joyeusement ; un grand brouhaha se fit entendre ; de vives conversations et des éclats de rire partirent de tous côtés comme des fusées. En deux minutes la terrasse fut déserte.

Madame M*** renonça à la partie de plaisir en se disant indisposée ; comme chacun se hâtait, personne ne l'importuna par des regrets, des questions et des conseils. Quelques personnes seulement restèrent au logis. M. M*** adressa la parole à sa femme ; elle lui répondit que son indisposition se dissiperait sans doute le jour même, que ce malaise dont il n'y avait pas lieu de s'inquiéter ne l'obligerait en aucune façon à s'aliter, mais qu'au contraire elle s'en irait faire un tour dans le jardin... toute seule... c'est-à-dire avec moi... Et elle me désigna du regard en parlant. Je rougis de bonheur. Un instant après, nous étions en promenade.

Elle se dirigeait vers les allées mêmes et les sentiers que. nous avions suivis le matin, en revenant du parc. Je devinais qu'instinctivement elle s'efforçait de rappeler à son souvenir l'itinéraire de notre promenade matinale ; elle regardait attentivement devant elle, les yeux fixés sur le sol, cherchant à y découvrir l'objet perdu, sans répondre à mes questions ; peut-être même avait-elle oublié que je marchais à ses côtés.

Arrivée à l'endroit où se finissait le sentier et où j'avais ramassé la lettre, madame M*** s'arrêta et d'une voix faible et haletante d'angoisse m'annonça qu'elle se sentait plus mal et qu'elle désirait s'en retourner. En revenant, nous approchions de la grille du jardin, lorsqu'elle s'arrêta de nouveau

подумала с минуту; улыбка отчаяния показалась на губах ее, и, вся обессиленная, измученная, решившись на всё, покорившись всему, она молча воротилась на первый путь в этот раз позабыв даже предупредить меня...

Я разрывался от тоски и не знал, что делать.

Мы пошли или, лучше сказать, я привел ее к тому месту, с которого услышал, час назад, топот коня и их разговор. Тут, вблизи густого вяза, была скамья, иссеченная в огромном цельном камне, вокруг которого обвивался плющ и росли полевой жасмин и шиповник. (Вся эта рощица была усеяна мостиками, беседками, гротами и тому подобными сюрпризами.) M-me M * села на скамейку, бессознательно взглянув на дивный пейзаж, расстилавшийся перед нами. Через минуту она развернула книгу и неподвижно приковалась к ней, не перелистывая страниц, не читая, почти не сознавая, что делает. Было уже половина десятого. Солнце взошло высоко и пышно плыло над нами по синему, глубокому небу, казалось, расплавляясь в собственном огне своем. Косари ушли уже далеко: их едва было видно с нашего берега. За ними неотвязчиво ползли бесконечные борозды скошенной травы, и изредка чуть шевелившийся ветерок веял на нас ее благовонной испариной. Кругом стоял неумолкаемый концерт тех, которые «не жнут и не сеют», а своевольны, как воздух, рассекаемый их резвыми крыльями.

et sembla réfléchir ; un sourire désespéré passa sur ses lèvres ; elle paraissait tout affaiblie, accablée par sa douleur, et pourtant résignée, passive et muette ; tout à coup elle revint sur ses pas, sans prononcer une parole.

J'étais anxieux, ne sachant que faire.

Nous nous acheminâmes, ou pour mieux dire, je l'entraînai vers cet endroit même où, une heure auparavant, j'avais entendu le galop du cheval et la conversation des deux jeunes gens. Là, tout près d'un orme touffu, il y avait un banc taillé dans une énorme pierre et entouré de lierre, de seringat et d'églantines ; car dans ce parc on trouvait à chaque pas des ponts, des pavillons, des grottes, enfin toutes sortes de surprises. Madame M*** s'affaissa sur le banc en jetant un regard éteint sur le beau paysage qui se déroulait devant nous. Puis, au bout d'une seconde, ouvrant son livre, elle y fixa son regard, mais je voyais bien qu'elle ne lisait pas, car elle ne tournait pas les feuillets et paraissait ne pas se rendre compte de ce qu'elle faisait. Il était près de neuf heures et demie. Le soleil resplendissant sur le fond bleu du ciel semblait se consumer de ses propres feux. Les faucheurs étaient déjà loin ; de notre rive, on les entrevoyait à peine. Ils laissaient derrière eux des sillons d'herbe fauchée dont une brise légère nous apportait de temps en temps les émanations balsamiques. Nous entendions le concert incessant de tous ces êtres qui « ne sèment ni ne récoltent », mais qui sont libres comme l'air fouetté par leurs ailes légères.

Казалось, что в это мгновение каждый цветок, последняя былинка, курясь жертвенным ароматом, говорила создавшему ее: «Отец! я блаженна и счастлива!..»

Я взглянул на бедную женщину, которая одна была как мертвец среди всей этой радостной жизни: на ресницах ее неподвижно остановились две крупные слезы, вытравленные острою болью из сердца. В моей власти было оживить и осчастливить это бедное, замиравшее сердце, и я только не знал, как приступить к тому, как сделать первый шаг. Я мучился. Сто раз порывался я подойти к ней, и каждый раз какое-то невозбранное чувство приковывало меня на месте, и каждый раз как огонь горело лицо мое.

Вдруг одна светлая мысль озарила меня. Средство было найдено; я воскрес.

— Хотите, я вам букет нарву! — сказал я таким радостным голосом, что M-me M * вдруг подняла голову и пристально посмотрела на меня.

— Принеси, — проговорила она наконец слабым голосом, чуть-чуть улыбнувшись и тотчас же опять опустив глаза в книгу.

— А то и здесь, пожалуй, скосят траву и не будет цветов! — закричал я, весело пускаясь в поход.

Chaque fleur, chaque petit brin d'herbe, exhalant un parfum, sorte d'encens offert au Tout-Puissant, semblait remercier le Seigneur de tant de félicité et de béatitude !

Je regardais la pauvre femme qui se trouvait isolée et comme morte au milieu de toute cette allégresse ; au bout de ses cils perlaient deux grosses larmes, chassées du cœur par une douleur aiguë. Sans doute, il ne dépendait que de moi de rendre la vie et le bonheur à ce pauvre cœur mourant ; mais comment m'y prendre ? comment faire le premier pas ? J'étais en proie à un cruel tourment. Plus de cent fois j'essayai de m'approcher d'elle, mais à chaque tentative je sentais le feu me monter au visage.

Tout à coup il me vint une idée lumineuse ; je crus avoir trouvé un moyen ; cette pensée me ranima.

— Voulez-vous que je vous fasse un bouquet ? m'écriai-je d'une voix si joyeuse que madame M*** releva la tête et me regarda fixement.

— Oui, tu peux m'en apporter un, me répondit-elle d'une voix languissante, en souriant à peine et abaissant tout aussitôt les yeux sur son livre.

— Il n'y aura plus de fleurs ici quand l'herbe sera fauchée ! m'écriai-je gaiement. Et je m'élançai dans le taillis pour accomplir mon projet.

Скоро я набрал мой букет, простой, бедный. Его бы стыдно было внести в комнату; но как весело билось мое сердце, когда я собирал и вязал его! Шиповнику и полевого жасмина взял я еще на месте. Я знал, что недалеко есть нива с дозревавшею рожью. Туда я сбегал за васильками. Я перемешал их с длинными колосьями ржи, выбрав самые золотые и тучные. Тут же, недалеко, попалось мне целое гнездо незабудок, и букет мой уже начинал наполняться. Далее, в поле, нашлись синие колокольчики и полевая гвоздика, а за водяными, желтыми лилиями сбегал я на самое прибрежье реки. Наконец, уже возвращаясь на место и зайдя на миг в рощу, чтоб промыслить несколько ярко-зеленых лапчатых листьев клена и обернуть ими букет, я случайно набрел на целое семейство анютиных глазок, вблизи которых, на мое счастье, ароматный фиалковый запах обличал в сочной, густой траве притаившийся цветок, еще весь обсыпанный блестящими каплями росы. Букет был готов. Я перевязал его длинной, тонкой травой, которую свил в бечеву, и вовнутрь осторожно вложил письмо, прикрыв его цветами, — но так, что его очень можно было заметить, если хоть маленьким вниманием подарят мой букет.

Я понес его к M-me M *.

Дорогой показалось мне, что письмо лежит слишком на виду: я побольше прикрыл его. Подойдя еще ближе, я вдвинул его еще плотнее в цветы и, наконец уже почти дойдя до места, вдруг сунул его так глубоко вовнутрь букета, что уже ничего не было приметно снаружи.

J'eus bientôt fait un bouquet tout simple. Sans doute il n'eût pas été digne d'orner sa chambre ; mais comme mon cœur battait, chaque fois que je cueillais une de ces fleurs qui devaient composer ce bouquet ! Je ramassai à cet endroit même du seringat et des églantines ; dans un champ de blé voisin que je connaissais, je courus chercher des bluets que j'entourai d'épis de seigle choisis parmi les plus gros et les plus dorés. Il y avait également là une quantité de myosotis, ce qui grossit considérablement mon bouquet. Quelques pas plus loin, dans la prairie, j'y ajoutai des campanules et des œillets ; quant aux nénuphars, j'allai les chercher au bord de la rivière. Puis en revenant je poussai une pointe jusque dans le parc pour y cueillir quelques-unes de ces feuilles d'érable d'un si beau vert éclatant dont je voulais entourer cette gerbe champêtre. Tout à coup je foulai du pied un tapis de pensées sauvages, et à côté, guidé par leur parfum, je découvris, cachées dans l'herbe fraîche et épaisse, de belles violettes, encore tout aspergées de rosée limpide. Un brin d'herbe long et mince, que je tordis en cordelette, lia le tout, puis dans le milieu je glissai prudemment la lettre, en la cachant sous les fleurs, de manière qu'elle pût apparaître au premier coup d'œil.

Je portai alors mon bouquet à madame M***.

Je crus m'apercevoir, chemin faisant, que la lettre était trop en évidence, et je la dissimulai plus soigneusement sous les fleurs ; à quelques pas de madame M***, je l'enfonçai encore davantage ; enfin au moment même de le lui offrir, je poussai l'enveloppe si loin dans le fond, qu'elle ne fut plus du tout visible.

На щеках моих горело целое пламя. Мне хотелось закрыть руками лицо и тотчас бежать, но она взглянула на мои цветы так, как будто совсем позабыла, что я пошел набирать их. Машинально, почти не глядя, протянула она руку и взяла мой подарок, но тотчас же положила его на скамью, как будто я затем и передавал ей его, и снова опустила глаза в книгу, точно была в забытьи.

Я готов был плакать от неудачи. «Но только б мой букет был возле нее, — думал я, — только бы она о нем не забыла!»

Я лег неподалеку на траву, положил под голову правую руку и закрыл глаза, будто меня одолевал сон. Но я не спускал с нее глаз и ждал...

Прошло минут десять; мне показалось, что она всё больше и больше бледнела...

Вдруг благословенный случай пришел мне на помощь.

Это была большая золотая пчела, которую принес добрый ветерок мне на счастье. Она пожужжала сперва над моей головою и потом подлетела к M-me M *. Та отмахнулась было рукою один и другой раз, но пчела, будто нарочно, становилась всё неотвязчивее. Наконец M-me M * мой букет и махнула им перед собою. В этот миг пакет вырвался из-под цветов и упал прямо в раскрытую книгу.

Mes joues brûlaient. J'avais une folle envie de me cacher la figure dans les mains et de m'enfuir à toutes jambes. Elle regarda mes fleurs, sans avoir l'air de se souvenir que j'étais allé les chercher pour elle ; machinalement elle étendit la main, prit mon cadeau, sans même le regarder, et le posa sur le banc, comme si je ne le lui avais donné que pour cela ; puis baissant de nouveau les yeux sur son livre, elle demeura plongée dans une sorte de torpeur.

Devant mon insuccès, je me sentais prêt à fondre en larmes. « Puisse-t-elle garder mon bouquet, pensais-je, et ne pas l'oublier ! »

Accablé, j'allai me coucher sur l'herbe, à quelque distance du banc où elle se trouvait, et, posant ma tête sur mon bras droit replié, je fermai les yeux, simulant le sommeil ; mais j'attendais toujours anxieux sans la quitter du regard…

Dix minutes s'écoulèrent ; il me sembla qu'elle pâlissait de plus en plus…

Tout à coup le hasard m'envoya un bienheureux allié.

C'était une grosse abeille dorée que le doux zéphyr portail de notre côté, pour notre bonheur. D'abord elle bourdonna autour de moi, et puis elle s'envola vers madame M***, qui plusieurs fois la chassa avec la main. Mais l'abeille devenant de plus en plus importune, la jeune femme saisit le bouquet et l'agita devant elle ; aussitôt la lettre s'en échappa et tomba droit sur son livre ouvert.

Я вздрогнул. Некоторое время M-me M * смотрела, немая от изумления, то на пакет, то на цветы, которые держала в руках, и, казалось, не верила глазам своим... Вдруг она покраснела, вспыхнула и взглянула на меня. Но я уже перехватил ее взгляд и крепко закрыл глаза, притворяясь спящим; ни за что в мире я бы не взглянул теперь ей прямо в лицо. Сердце мое замирало и билось, словно пташка, попавшая в лапки кудрявого деревенского мальчугана.

Не помню, сколько времени пролежал я, закрыв глаза: минуты две-три.

Наконец я осмелился их открыть. M-me M * жадно читала письмо, и, по разгоревшимся ее щекам, по сверкавшему, слезящемуся взгляду, по светлому лицу, в котором каждая черточка трепетала от радостного ощущения, я догадался, что счастье было в этом письме и что развеяна как дым вся тоска ее. Мучительно-сладкое чувство присосалось к моему сердцу, тяжело было мне притворяться... Никогда не забуду я этой минуты!

Вдруг, еще далеко от нас, послышались голоса:

— Madame M *! Natalie! Natalie!

M-me M * не отвечала, но быстро поднялась со скамьи, подошла ко мне и наклонилась надо мною. Я чувствовал, что она смотрит мне прямо в лицо. Ресницы мои задрожали, но я удержался и не открыл глаз. Я старался дышать ровнее и спокойнее,

J'eus le frisson. Pendant quelques secondes, muette de surprise, madame M*** regarda alternativement l'enveloppe et les fleurs qu'elle tenait à la main ; elle ne pouvait en croire ses yeux. Tout à coup elle rougit et tourna vers moi son regard… Mais j'avais surpris son coup d'œil et je continuai à feindre de dormir ; jamais je n'aurais pu la regarder en face dans ce moment ! Mon cœur palpitait et tressautait dans ma poitrine, comme celui d'un oiseau entre les doigts cruels d'un enfant.

Je ne sais plus combien de temps je restai couché, les yeux fermés : deux ou trois minutes peut-être.

Enfin je me décidai à les entrouvrir. Madame M*** dévorait fiévreusement sa lettre. Ses joues brûlantes, ses yeux brillants de larmes, son visage resplendissant, dont chaque trait reflétait maintenant le sentiment joyeux qui l'animait, tout témoignait clairement que son bonheur entier était enfermé dans cette lettre et que son angoisse s'était dissipée en un moment, comme la fumée. Une sensation d'une douceur infinie, contre laquelle il m'eût été impossible de résister, inonda mon cœur. Non ! jamais je ne pourrai oublier un tel moment !

Tout à coup des voix éloignées parvinrent jusqu'à nous :

— Madame M***, Nathalie ! Nathalie !…

Vivement, elle se leva et silencieusement s'approcha de l'endroit où j'étais couché. Elle se baissa ; je sentis qu'elle me regardait en face ; mes cils palpitèrent. Ah ! quel effort pour ne pas ouvrir les yeux et continuer à respirer avec la même égalité paisible ?

но сердце задушало меня своими смятенными ударами. Горячее дыхание ее палило мои щеки; она близко-близко нагнулась к лицу моему, словно испытывая его. Наконец, поцелуй и слезы упали на мою руку, на ту, которая лежала у меня на груди. И два раза она поцеловала ее.

— Natalie! Natalie! где ты? — послышалось снова, уже очень близко от нас.

— Сейчас! — проговорила M-me M * своим густым, серебристым голосом, но заглушенным и дрожавшим от слез, и так тихо, что только я один мог слышать ее, — сейчас!

Но в этот миг сердце наконец изменило мне и, казалось, выслало всю свою кровь мне в лицо. В тот же миг скорый, горячий поцелуй обжег мои губы. Я слабо вскрикнул, открыл глаза, но тотчас же на них упал вчерашний газовый платочек ее, — как будто она хотела закрыть меня им от солнца.

Мгновение спустя ее уже не было. Я расслышал только шелест торопливо удалявшихся шагов. Я был один.

Я сорвал с себя ее косынку и целовал ее, не помня себя от восторга; несколько минут я был как безумный!.. Едва переводя дух, облокотясь на траву, глядел я, бессознательно и неподвижно, перед собою, на окрестные холмы, пестревшие нивами, на реку, извилисто обтекавшую их и далеко, как только мог следить глаз, вьющуюся между новыми холмами и селами, мелькавшими, как точки, по всей, залитой светом,

car les battements précipités de mon cœur m'étouffaient. Son souffle ardent me brûla la joue ; elle approcha son visage tout près du mien, comme si elle eût voulu m'éprouver. Enfin un baiser effleura la main que j'avais posée sur ma poitrine, et en même temps je sentis tomber sur elle de grosses larmes. Deux fois de suite elle baisa cette main.

— Nathalie ! Nathalie ! Où es-tu ? criait-on à quelques pas de nous.

— Je viens ! répondit-elle de sa belle voix pleine et harmonieuse, en ce moment voilée et tremblante de larmes ; mais elle le dit si bas que seul je pus entendre ce « Je viens ! »

Alors je me trahis : tout mon sang me monta du cœur au visage. Tout à coup un baiser rapide et ardent me brûla les lèvres. Je poussai un faible cri et j'ouvris les yeux, mais aussitôt un fichu de gaze me tomba sur le visage, comme pour me protéger des rayons de soleil.

Un instant après, elle avait disparu. J'entendis le bruit de ses pas qui s'éloignaient, et je restai seul.

Je saisis son fichu et je le couvris de baisers, ivre de joie. Pendant quelques minutes je fus comme fou !... Encore brisé par tant d'émotions, étendu sur les coudes dans l'herbe, je restais là, fixant d'un œil hagard tout ce paysage qui m'entourait, les collines, les vastes prairies, la rivière serpentant à perte de vue, resserrée entre les coteaux et les villages qui apparaissaient comme des points lumineux dans le lointain ensoleillé,

дали, на синие, чуть видневшиеся леса, как будто курившиеся на краю раскаленного неба, и какое-то сладкое затишье, будто навеянное торжественною тишиною картины, мало-помалу смирило мое возмущенное сердце. Мне стало легче, и я вздохнул свободнее...

Но вся душа моя как-то глухо и сладко томилась, будто прозрением чего-то, будто каким-то предчувствием. Что-то робко и радостно отгадывалось испуганным сердцем моим слегка трепетавшим от ожидания...

И вдруг грудь моя заколебалась, заныла, словно от чего-то пронзившего ее, и слезы, сладкие слезы брызнули из глаз моих. Я закрыл руками лицо и, весь трепеща, как былинка, невозбранно отдался первому сознанию и откровению сердца, первому, еще неясному прозрению природы моей... Первое детство мое кончилось с этим мгновением.

Когда, через два часа, я воротился домой, то не нашел уже M-me M *: она уехала с мужем в Москву, по какому-то внезапному случаю.

Я уже никогда более не встречался с нею.

tandis que la vaste ceinture des forêts environnantes semblait s'envoler comme une légère fumée bleue dans l'horizon enflammé. Peu à peu, sous l'influence de cette douce quiétude, du calme solennel qui se dégageait de toute la nature, mon cœur troublé s'apaisa. Je me sentis mieux, et je poussai un long soupir…

Mon âme, dominée par une sorte de pressentiment, se sentait envahie par une vague et douce langueur. Mon pauvre cœur effarouché palpitait d'impatience, devinant quelque chose…

Tout à coup ma poitrine s'agita, je sentis une douleur cuisante, comme si quelque arme aiguë m'eût transpercé de part en part, et des larmes, de douces larmes jaillirent de mes yeux. Je me couvris le visage de mes mains, et, tremblant comme un roseau, je m'abandonnai librement au premier sentiment, à la première révélation de mon cœur. Mon enfance venait de finir…

Au bout de deux heures, lorsque je revins à la maison, je n'y trouvai plus madame M***. Par suite de quelque circonstance imprévue, elle était partie pour Moscou avec son mari.

Je ne l'ai jamais revue.

конец

Fin.

DANS LA MÊME ÉDITION BILINGUE + AUDIO INTÉGRÉ :

- NIETOTCHKA NEZVANOVA (Fiodor Dostoïevski)　　*russe-français*
- LE PETIT HÉROS (Fiodor Dostoïevski)　　*russe-français*
- LE VIY (Nicolas Gogol)　　*russe-français*
- LE NEZ (Nicolas Gogol)　　*russe-français*
- LE PORTRAIT (Nicolas Gogol)　　*russe-français*
- TARASS BOULBA (Nicolas Gogol)　　*russe-français*
- LE JOURNAL D'UN FOU (Nicolas Gogol)　　*russe-français*
- LA MÈRE (Maxime Gorki)　　*russe-français*
- LA PAUVRE LISE (Nikolaï Karamzine)　　*russe-français*
- LA DAME DE PIQUE (Alexandre Pouchkine)　　*russe-français*
- LA FILLE DU CAPITAINE (Alexandre Pouchkine)　　*russe-français*
- TROIS CONTES RUSSES (Mikhaïl Saltykov-Chtchédrine)　　*russe-français*
- LA MORT D'IVAN ILITCH (Léon Tolstoï)　　*russe-français*
- LE FAUX-COUPON (Léon Tolstoï)　　*russe-français*
- PÈRES ET FILS (Ivan Tourgueniev)　　*russe-français*

- ROUDINE (Ivan Tourgueniev) — *russe-français*
- NOUS AUTRES (Ievgueni Zamiatine) — *russe-français*
- AGNÈS GREY (Anne Brontë) — *anglais-français*
- WUTHERING HEIGHTS (Emily Brontë) — *anglais-français*
- LA RACE À VENIR (Edward Bulwer-Lytton) — *anglais-français*
- LE NOMMÉ JEUDI (G. K. Chesterton) — *anglais-français*
- L'HÔTEL HANTÉ (Wilkie Collins) — *anglais-français*
- GASPAR RUIZ (Joseph Conrad) — *anglais-français*
- MA VIE D'ESCLAVE AMÉRICAIN (Frederick Douglass) — *anglais-français*
- MA VIE, MON ŒUVRE (Henry Ford) — *anglais-français*
- LISETTE LEIGH (Elizabeth Gaskell) — *anglais-français*
- LA FILLE DE RAPPACCINI (Nathaniel Hawthorne) — *anglais-français*
- LE LIVRE DES MERVEILLES (Nathaniel Hawthorne) — *anglais-français*
- SLEEPY HOLLOW (Washington Irving) — *anglais-français*
- LE TOUR D'ÉCROU (Henry James) — *anglais-français*
- LES PAPIERS D'ASPERN (Henry James) — *anglais-français*
- RASSELAS, PRINCE D'ABYSSINIE (Samuel Johnson) — *anglais-français*
- L'HOMME QUI VOULUT ÊTRE ROI (Rudyard Kipling) — *anglais-français*
- LE LIVRE DE LA JUNGLE (Rudyard Kipling) — *anglais-français*
- JOHN BARLEYCORN (Jack London) — *anglais-français*
- LES VAGABONDS DU RAIL (Jack London) — *anglais-français*
- L'ASSERVISSEMENT DES FEMMES (John Stuart Mill) — *anglais-français*
- LE VAMPIRE (John Polidori, Lord Byron) — *anglais-français*
- ROMÉO ET JULIETTE (William Shakespeare) — *anglais-français*
- HAMLET (William Shakespeare) — *anglais-français*
- OTHELLO (William Shakespeare) — *anglais-français*
- OLALLA (R. L. Stevenson) — *anglais-français*
- L'ÎLE AU TRÉSOR (R. L. Stevenson) — *anglais-français*
- L'ÉTRANGE CAS DE DR JEKYLL ET M. HYDE (Stevenson) — *anglais-français*
- WALDEN, OU LA VIE DANS LES BOIS (Thoreau) — *anglais-français*
- LA DÉSOBÉISSANCE CIVILE (Thoreau) — *anglais-français*
- PLUS FORT QUE SHERLOCK HOLMES (Mark Twain) — *anglais-français*
- LA MACHINE À EXPLORER LE TEMPS (H. G. Wells) — *anglais-français*

- LE PAYS DES AVEUGLES (H. G. Wells) *anglais-français*
- ETHAN FROME (Édith Wharton) *anglais-français*
- LE PORTRAIT DE DORIAN GRAY (Oscar Wilde) *anglais-français*
- LE FANTÔME DE CANTERVILLE (Oscar Wilde) *anglais-français*
- SALOMÉ (Oscar Wilde) *anglais-français*
- L'ÉTRANGE HISTOIRE DE PETER SCHLEMIHL (Chamisso) *allemand-français*
- CONTES CHOISIS (Frères Grimm) *allemand-français*
- L'HOMME AU SABLE (E.T.A. Hoffmann) *allemand-français*
- LE JOUEUR D'ÉCHECS (Stefan Zweig) *allemand-français*
- LE BOUQUINISTE MENDEL (Stefan Zweig) *allemand-français*
- LES CAHIERS DE MALTE LAURIDS BRIGGE (R.M. Rilke) *allemand-français*
- LES SOUFFRANCES DU JEUNE WERTHER (J.W. Goethe) *allemand-français*
- CONTES (H.C. Andersen) *danois-français*
- CORNÉLIA (Cervantès) *espagnol-français*
- RINCONÈTE ET CORTADILLO (Cervantès) *espagnol-français*
- ALICE AU PAYS DES MERVEILLES (Lewis Carroll) *espéranto-français*
- LA SAGA DE NJAL (Anonyme) *islandais-français*
- LES AVENTURES DE PINOCCHIO (Carlo Collodi) *italien-français*
- LA LOCANDIERA (Carlo Goldoni) *italien-français*
- LE PRINCE (Nicolas Machiavel) *italien-français*
- MAX HAVELAAR (Multatuli) *néerlandais-français*
- LE PETIT JOHANNES (Frederik van Eeden) *néerlandais-français*
- UNE MAISON DE POUPÉE (Henrik Ibsen) *norvégien-français*
- ANIELKA (Bolesław Prus) *polonais-français*
- BARTEK VAINQUEUR (Henryk Sienkiewicz) *polonais-français*
- MÉMOIRES POSTHUMES DE BRÁS CUBAS (M. de Assis) *portugais-français*

*Impression CreateSpace
à Charleston SC, en octobre 2019.*

Imprimé aux États-Unis.

En couverture :
Amedeo Modigliani,
« Le Garçon » (1918)
Indianapolis Museum of Art, Indianapolis (États-Unis).

Découvrez l'ensemble de nos ouvrages
sur notre site :

www.laccolade-editions.com

www.ingramcontent.com/pod-product-compliance
Lightning Source LLC
Chambersburg PA
CBHW031647040426
42453CB00006B/232